気持ちを伝える贈りもの

「おめでとう」「ありがとう」「お世話になっています」

後藤由紀子

JN247880

はじめに

贈りもの、プレゼント、さしいれ、おすそわけ……。呼び名はいろいろありますが、どうやら私は、誰かに何かをお渡しするのが好きなようです。

日々の暮らしは、まわりの助けがあってこそなので、お礼の品は欠かせませんし、誰かにおめでたいことがあれば、一緒にお祝いをしたい。何かを成し遂げた人には、おつかれさまと伝えたいし、忙しいときには、少しでも疲れがとれるものを渡したい。

きちんとした品を用意するのもワクワクしますし、ほんのちょっとの手みやげを配るのも楽しいものです。

かしこまることも、ときには必要ですが、
私にとっての贈りもののほとんどは、日常の延長にあるもの。

はい、これ食べてみて。

これ、すごくいいよ。

ちょっとだけど、おすそわけね。

これ使って休んでよー。

そんな言葉と一緒に渡すことがほとんどです。

もともとマネージャー気質で、誰かの世話を焼くのが好きなタイプです。

とりあえず、どうぞ！ と渡してしまいます。

でも、だからこそ、相手がお返しをしなければと負担に思うようなことは避けたい。
私が勝手に渡しているものだから、気軽に食べたり使ったりして、
喜んでもらえたら嬉しいのです。だから、押しつけてしまうけれど、
あくまでも気軽に渡すようにしています。

この本では、今までにいろいろな場面で選んできたものを紹介します。

贈りものは、まず、

「ありがとう」「おめでとう」というさまざまな気持ちがあってこそのもの。

というわけで、「気持ち」別に分けて紹介しています。

さらに、贈りものを選びによく足を運ぶ銀座にも行きました。

コラムでは、小さなおすそわけをするときの「入れればいいだけ」のラッピングも。

あくまでも私の場合ですし、贈りものに関するマナーの本ではありません。

とくにこれでなければいけない、ということはまったくありません。

「ありがとう」のところにあるものを、

「おつかれさま」の気持ちでお渡しすることもあると思います。

自由に選んで楽しんでください。

マナーのことを考え始めると、これは正しいのかな？ 失礼になったらどうしよう？ と
躊躇《ちゅうちょ》してしまう場面もあるかもしれません。私もよくあるのです。

でも、その躊躇のせいで、気持ちを伝える機会を逃すのはもったいない。

一緒に喜んだり、泣いたり、笑ったりするのと同じ感覚で贈りものをすることがあってもいいし、そのほうが、きっと相手も喜んでくれるはずです。

友人や知人、お世話になった人にこそ、自分の気持ちをきちんと伝えることを大切にしたいと思っています。ただ自分の気持ちを押しつけるだけでなく、相手の状況もしっかり想像するように心がけて。

出産のお祝いは、赤ちゃんのものをもらうことが多いだろうから、私は、お母さんをいたわるものを贈ろうかな。

入学祝いっていろいろもらうだろうから、あえてお弁当作りが頑張れるグッズにしようかな。

今日は暑くて宅配の人たちしんどいだろうな、塩飴でもあげよう。

あの子、ちょっと疲れてそうだったから、ちょっとでも笑えるものをあげようかな。

そんなふうにあれこれ考えて選ぶのは、私にとって楽しい時間でもあるのです。

だからこそ今、私は生活雑貨店を営んでいるのだとも思います。

これおすすめ！と言いたいだけかもしれません。

だから、これからもどんどん気軽に気持ちを伝える贈りものを楽しんでいくつもりです。

後藤由紀子

もくじ

PART
3
ありがとう

銀座で選ぶ贈りもの

PART
6
これいいよ！

PART

7 これからもごひいきに

column
おすそわけの包み

PART

1

おめでとう

お誕生日や入籍、入学や卒業と「おめでとう」を伝える場面は、さまざまあります。頭をフル回転して想像力をはたらかせて、相手の状況に合わせて選ぶように。必要な道具、体をいたわるものに気持ちを込めます。

気負わず、自然に、気持ちを伝えるハーブブーケや花束

ハーブの豊かなグリーンにカラフルな小花を散らした、野原で摘んだような花束を香りとともに贈ります。

祝福する気持ちを表すときに、やっぱり花束はいいものだなぁと思っています。大きくて派手なものではなく、相手に負担をかけない、さりげないものを選ぶようにしています。そんな気持ちにぴったりなのがハーブブーケ。友人の楠瀬健太さん親子が営む「まるふく農園」のものがすごく好きで、機会があると頼んで送ってもらったり、イベント先で買ったりしています。その時期の旬を選んで束ねてくれるのですが、ハーブだけあって香りがすごくいい。そしてそこにちょこちょこと小さくて可憐な花がついているのもなんともかわいらしくて。これをお湯に入れてハーブティにしたり、ちょっと料理にアレンジしたりもできるので、プレゼントにとてもいいなと思っています。

事前にハーブブーケを送ってもらえることもあれば、間に合わないときもあります。たまたま会う人の誕生日が近いことをSNSのお知らせで知ったりするようなときは、向かう道すがらで見つけたお花屋さんへ。あれこれ選んで組み合わせずに、一種類、一色に絞るようにしています。たとえば紫のチューリップだけをたくさんまとめてもらうと、大人っぽいシックな雰囲気に。白いバラだけならシンプルですっきりした花束に。相手に渡すまでの時間、私もこっそり楽しませてもらえる贈りものです。

お誕生日おめでとう！

夏のおしゃれに、奥さんへのプレゼントに

シンプルなデザインのアクセサリーは、重ねづけやスタイリングを楽しめる一品になってくれると思います。

身につけるものをプレゼントするのは、相手の好みを知っていないとなかなか難しいものだと思います。ただ、シンプルなデザインのものなら、それほど嫌ではないかなと思ったりもして、ついつい、渡したくなる一品があります。

「ｃｈａｈａｔ《チャハット》」のバングルは、真鍮《しんちゅう》製でピカピカしすぎず、さりげなく腕につけることができるタイプ。これくらいシンプルなものなら、もともとブレスレットを持っていても重ねづけできますし、主張が強すぎなくていいかなと、友人のお誕生日にプレゼントすることがあります。太さもいろいろあるので、どれが似合うか考えるのも楽しい時間。

とくに腕を出す季節、バングルがあるとファッションも楽しくなります。誕生日に限らず、夏の日のお祝いやお礼として贈ることも。

このバングルを見て思い出すのは、以前、お店にいらしてくださった男性のことです。奥さまに頼まれて器を買いに来てくれたのですが、そのときさらに奥さまへのプレゼントとしてこのバングルを購入してくださいました。男性が女性のアクセサリーを選ぶのは難しいことだと思うのですが、こういうシンプルなものなら安心だと思えるできごとだったのです。さりげなく、パートナーへの贈りものができることって素敵です。

もっちもちのお肌になる、フェイシャルオイル

なかなか
セルフケアをする
時間がない
忙しい友だちへ、
上質な
オーガニックの
アイテムで
気持ちを伝えます。

「ｆｏｇ ｌｉｎｅｎ ｗｏｒｋ《フォグリネンワーク》」のフェイシャルオイルは、友人のすすめで使い始めてから虜《とりこ》になりました。それ以来、プレゼントの定番になっています。以前、モデルの香菜子さんから「洗顔をしない」という話を聞きました。蒸しタオルを当ててひと拭きしたら、開いている毛穴にオイルをしっかり染み込ませ、そこに化粧水と乳液をつけるといいよ、と。試しに私もやってみたら、お肌がもっちもちになって驚きました。年齢とともにお肌の調子も変わるので、それまでと同じような洗顔方法ではいけないのだなとしみじみ感じ、オイルで潤すことの大切さを実感しました。ｆｏｇのフェイシャルオイルは肌馴染みがよくて、しっとりするのにベタつきがありません。無添加、無着色なので安心して使えますし、ゼラニウムやパルマローザなどの香りもすごくいいのでおすすめです。

他にも「ＮＵＸＥ《ニュクス》」のオイルを友人から誕生日プレゼントにいただいたのですが、これを使うと髪がとてもしっとり艶やかに。あー、こうして自分をいたわることも大切だなと思いながら、同じ年頃の友人にもすすめています。美容にはあまり詳しくないので、友人から聞いた情報を取り入れて試しては、お！　これいいな、と思ったものを贈るように。信頼できる情報筋からのものなので、私も自信をもってまた誰かにプレゼントできるのです。

BOTANICAL
FACIAL
OIL
for
FACE & BODY
FOG LINEN WORK

信頼できるお店や作家さんのものを買っておく

吟味を重ねて
生まれる器たち。
好きな作家さんの
作品を購入しては、
ストックして
プレゼントの
準備をしています。

作家さんの個展や展示会などに足を運ぶと、必ず何か一つ購入します。器屋を営んでいますし、もう十分すぎるくらい器やクロスを持っているけれど、それでもただ展示を見て終わり、という気持ちにはなれません。素晴らしいなぁと思ったら、やっぱり買うことが応援になるのではないかと思っているからです。投票する気持ちなのかもしれません。

そうして購入したものは、いくつか家にストックしています。そうすると、急なお祝いごとでのプレゼントとして渡せるのでとても安心。というのも、やっぱりお祝いごとには自分が好きで信頼できる人が作ったものを渡したいという気持ちがあります。だけど、いざ探しに行ってみると売り切れだったり、うまく見つけられなかったりということが何度かありました。焦って探すよりも、誰に渡しても安心なものをいくつかストックしておくといいんだな、と思ったのです。

友人のお誕生日に持って行くこともあれば、取材で家まで来てくださったスタッフさんが入籍したという話を聞いて、その場で渡したことも。

選ぶのは、小皿やグラス、マグカップ、クロスなどの布ものといったいくつあってもいいアイテムです。作り手も、お店も、渡す相手も嬉しい気持ちになれたら私も幸せです。

出産おめでとう！

お母さんへ。赤ちゃんへ。おめでとうという気持ちを込めて

生まれてきた
赤ちゃんには
もちろんのこと、
ママにも
おつかれさまの
気持ちを込めて
贈ります。

肌着や靴下、スタイ……。赤ちゃんのための小さなものって本当にかわいいですよね。見ているだけで、こちらもそわそわわくわく嬉しい気持ちになってきます。

出産祝いにおすすめなのは、カディコットンの産着。奈良にある「fangle《ファングル》」のオリジナルで、インドの肌触りのいいカディコットンの生地を使い、国内の和裁士さんが手縫いで仕立てているものです。赤ちゃんの体へ負担をかけずに脱ぎ着できるよう、ホックボタンを使っていなかったり、生えたての爪で顔を引っ掻くことのないように袖が太く長めだったりと、細かなことまで考えて作られています。手縫いだとミシン縫いよりもほどきやすいので、着なくなったら別のものに仕立てたりもできますね。

つい、かわいい赤ちゃんのものばかりに目がいってしまいますが、お世話で大変なお母さんへの贈りものも忘れないように。ひと息ついてね、という気持ちでマグカップにしたり、赤ちゃんと一緒に使えるハンドクリームやボディクリームを選んだり。

それらをまとめてメルカドバッグに入れて贈ります。軽くて丈夫なので、ふだんのバッグとしても収納としても使っても便利。ひとまわり大きなサイズのものにオムツを詰めて贈ることもあります。赤ちゃんとの時間、今だけの楽しみを味わって、という気持ちと一緒に。

入学おめでとう！

新しく始まるお弁当生活の強い味方！

友だちの
お子さんが入学。
ママの「お弁当が
始まる〜」を
聞いて、ふだんの
お弁当作りに
使える
小物のセットを
贈りました。

来年、お子さんが中学生になる、高校生になる、という話を聞くと、入学のお祝いに加えて、ある贈りものも用意します。お弁当生活が始まる方へのものなのですが、私なりのエールの気持ちの品です。朝早く起きてお弁当を作るという新しい暮らしの中で、せめてもの手助けになったらいいなという思いで渡すのが、友人の「たまちゃん」こと、たくまたまえさんの「お弁当グッズセット」。たまちゃんはふだんからご主人のお弁当を作り続けていて、著書を出したり、ケータリングをしたりと料理家として活動しています。

これは、そんなたまちゃんがいつも使っている道具の詰め合わせセット。おかずを入れる透明のカップ、仕切りに使う竹の皮、絶妙な長さと細さの竹串や鉄砲串、ドレッシングカップや昔ながらの醤油入れなど、どれもシンプルですっきりしたデザインのものばかり。お弁当箱に入れてもうるさくないし、串は枝豆を刺すだけで様になるし、すごく気が利いているのです。一つひとつは業務用に販売しているものだと思うのですが、個人で手に入れようとすると大量購入しかできません。それをたまちゃんが使いやすいサイズのものを探し、さらに小分けにして、竹の皮もカットしてくれているのです。このセットの他に、木製のフォークやスプーン入りもあれば、カップや醤油入れだけの小さなセットもあり。こういうものほしかったんだ！ と、本当にありがたい道具です。

tamaben

きれいな色のビニール袋に入れるだけ

おいしいものを見つけると、つい友人にも食べてほしくなります。しかし、自分用に買ったものだから、贈りものとしてラッピングしていない、なんてこともしばしば。とはいえ、あらためてラッピングするのも大げさだし、相手に負担をかけないようにさりげなく渡したいもの。そんなとき役に立つのが、ちょっとかわいい袋です。
たとえば写真のベトナムのビニール袋は、色使いが淡いピンクで、入れるだけでかわいい姿になってくれます。ただ「入れるだけで様になる」袋があるとすごく便利なので、見つけるたびに買うようにしています。

ベトナムのビニール袋 ¥150（税込）（5枚入り）／stock　売り切れの場合もあります

PART

2

お世話になりました

商品や書籍を一緒に作ったり取材でおじゃましたり、ごはん会を仕切ってくれたり、旅行の手配をしてくれたり。まわりの方々のおかげで楽しめていることばかりですから「お世話になりました」の気持ちを込めて。

パリッとおいしい海苔は、お世話になった方へ

ほぼ日常的に
食卓に並ぶはず！
幅広い世代の方に
喜んでいただけて
いるので、
自信をもって
お贈りしています。

ここ最近、お渡しした方から「大好物なの！」と、大好評のものがあります。それが「三香園」の「特撰焼海苔ゴールド缶」。味つけされていないタイプの焼き海苔なので、素朴な味と香りを堪能《たんのう》できます。ふたを開けた瞬間、海苔のいい香りがして、パリッと食べればさらにそのおいしさが広がっていくのがたまりません。以前、自宅用に買ってみたら、あまりにもおいしくて、早速取り寄せてまわりの方々へ贈るようになりました。最初は10缶まとめて購入したのですが、最近は、何か機会があると30缶ずつ注文しているほど。

取材でおじゃましたりライブのチケットをとってもらったり、旅行の手配をしてもらったりなど、まわりの方々の力なくしては日々のあれこれは成り立ちません。「お世話になりました」という気持ちを伝えるときには、この海苔をお渡しして。というのも、先方の好みをそれほど知らなくても海苔なら安心だからです。甘いものが苦手でも大丈夫ですし、あると便利な食材ではないかなと思うのです。

あらかじめカットしてある海苔がぎっしり詰まっていて、ふたを開けるだけですぐ食べられます。相手の負担になることはありません。あったかいご飯を巻いて食べるだけでも幸せな気持ちになるので、新米の季節になるとさらにまわりに配り歩いています。

特撰
焼海苔
ゴールド缶
8ツ切 160枚入（全型20枚分）
（株）三香園商店
東京都台東区上野6−10−3
TEL 03−3831−1579

夏の季節のごあいさつ

暑い季節には、
冷たいものを
食べていただこうと、
アイスクリームや
ゼリーを選んで
いつもお世話に
なっている方へ
お贈りします。

以前、暑い夏の日に友人からアイスクリームが届いて本当に嬉しかったことがあります。年々体力が落ちてきて夏バテしがちなもので、ありがたいなぁと思いながらいただきました。以来、お中元には夏バテ解消できそうな味を選ぶようにしています。

大分県別府市にある「冷乳果工房GENOVA《ジェノバ》」のアイスクリームは、お取り寄せしてみたらそのおいしさに驚いて、お中元でも贈るようになりました。いろいろな味があるのですが、ストロベリーは、フレッシュないちごが果肉ごと入っていて絶品。口にすると少しずついちごの甘酸っぱさとミルクの甘さが混ざり合っていくのがたまりません。他にも、ピスタチオやチョコレートなど数種類の詰め合わせを贈っています。

その他にも、ゴールデンウィークの時期になると楽しみなのが、京都の「老松」の「夏柑糖」です。夏みかんの形そのままで、皮の中には、果汁と寒天を合わせたものが入っています。ジューシーでするりと食べられ、私自身大好きな一品。季節限定なので、ちょっと早めに注文しておいて、お中元としてお贈りしています。

「たねや」の「清水白桃ゼリー」を選ぶこともありますし、甘いものが苦手な方には、冷奴セットにすることも。ご家族みなさんで楽しんで、暑い夏を一緒に乗り切りましょうね、という気持ちです。

GENOVA

寒い季節に、手間いらずのおでん種を

おでんの
おいしさは
練りもので
決まるとか。
寒い季節だからこそ
味わえるものを、
お好みの具材の
おとなりに。

お中元やお歳暮の季節になると、さて、どんなものを贈ろうかと考え始めます。夫の仕事先や自分のお店の取引先、お仲人さんや、お互いの家族への季節のあいさつでもあり、日ごろお世話になっていることへの感謝の気持ちでもあります。喜んでもらえるものを贈りたいなと思いながら、デパートに行って選ぶこともあれば、雑誌で見て気になったものを取り寄せてみることもあります。

とくにお歳暮は、一年の締めくくり。年末年始の忙しい時期でもあるので、相手の負担にならないようなものを選ぶように気をつけています。「おでん種セット」は、その名のとおり、鍋に入れて煮込めばおでんが完成。せわしない時期だからこそ、ちょっとでも料理の準備が楽になったらいいなという気持ちもあって選んでいます。

同じ理由で、湯豆腐セットを贈ることも。どちらも老舗の名店のものなら、味に安定感があって安心です。

他にもデパートの地下の食品売り場に行って、ちょっといい調味料を選ぶこともあります。お醤油やお酒、みりん、ごま油、酢、かつお節など、おせちで使ってもらってもいいし、もちろんふだんのお料理にも便利。あらかじめ予算を伝え、箱に詰め合わせてもらえばきちんとしたお歳暮になります。

神茂の
要冷蔵
おでん種
創業元禄元年
だし

会社に贈るときは、個包装のものを選んでいます

取引先や
大勢の方が
いらっしゃる
ときは、
個包装のものを
選んで、それぞれ
ピックアップして
いただけるように
しています。

ふだんお世話になっている取引先や出版社など、会社に贈りものをすることもあります。そんなときは、できるだけ個包装になっているものを選んでいます。届いたときその場にいない人もいるでしょうし、急いで帰らなければならない人もいるかもしれません。みなさんに配っていただけるように、それぞれ持ち帰っても大丈夫なように、と考えると個包装のほうがご迷惑にならないだろうと思ってのことです。

書籍が完成したときや、イベント後など、「おつかれさまでした」の気持ちも込めて、「紀州高梅天潮梅」をお贈りしています。これを食べてちょっとでも疲れがとれますように、と。大粒で一つでも食べ応えがある梅干しなので、仕事の合間につまんだり、持って帰ってご飯と一緒に食べてもらったりできているといいのですが。

個包装のものだと、他には長崎の「茂木《もぎ》一〇香《いちまるこう》」の「茂木びわゼリー」を贈ることも。びわが丸ごと一個入っているゼリーが、一つずつ包まれているタイプです。寒い季節には、京都「二條若狭屋」の葛湯「不老泉」もおすすめです。三種の図柄がある小さな箱入りの詰め合わせは、とてもかわいらしいもの。お忙しいみなさんが、ほんのちょっとひと休みできるようなものを選びたいなと思っています。

天潮梅

体をいたわるグッズで「お世話になりました」

体をいたわっていただきたい！という思いから、ケアグッズを探してみました。温めにも冷やしにも使えます。

ありがたいことに、これまで何冊かの書籍を出させていただく機会に恵まれました。書籍ができあがってまず感謝するのがスタッフの方々。とくに編集担当の方は、企画を考えるところから、撮影準備、原稿チェックや印刷確認と長い時間ずっと関わってくださっています。少しでも休んでほしい、疲れがとれますように、という気持ちで贈っているのが「HUKKA DESIGN《フッカデザイン》」の「アイケアストーン」。オーガニックコットンのウェアを扱う「salon de nanadecor《サロンドナナデコール》」で見つけました。

フィンランドのブランドが作っているもので、丸いドーナツ形の石は「ソープストーン」といって蓄熱性も熱伝導率も高いのだそう。お湯で温めて目に載せると、じんわり伝わってくる熱とほどよい重さがなんとも心地いいのです。また、冷蔵庫で冷やしておけば、寝起きの腫れぼったい目がスッキリします。温かくしても冷たくしてもよしの商品なら、その日の疲れ具合や気分に合わせられます。繰り返し使えるというところも、エコでいい。

ナナデェコールは、他にも、オーガニックコットン製で肌触りのいいナイトウェアやアイマスクなどもあるので、そちらを選ぶことも。疲れた女性をいたわってくれるアイテムがいろいろ見つかる心強いお店です。

ワンハンドルのアップルバッグ

以前、「Pili《ピリ》」で買い物をしていただいたときの紙袋が忘れられませんでした。持ち手が一つですごく小さなサイズ。「りんごにちょうどいいから、アップルバッグって言うらしいよ」と教えてもらって以来、壁に貼っていたのです。似た袋をお店で見つけたときには、嬉しくてたまりませんでした。さっそく、りんごのおすそわけを入れて。シンプルで素っ気ないほどの紙袋ですが、作りはしっかりしているし、持ち手が一つというのがとてもいい。入れるものに合わせてまちを作ることができるので、幅のあるものにもバッチリです。

ワンハンドルバッグ ¥200（税込）（3枚入り）／stock　売り切れの場合もあります

PART

3

ありがとう

お礼を言いたい場面はたくさんあって、できるだけ時間をおかずに伝えたいと思っています。渡す相手や状況に合わせて「ありがとう」を表現できるよう、いいものがないかいつも探すようにしています。

手を貸してくれてありがとう！

白いハンカチは、男女問わずおすすめです

ギフトの定番でもあるハンカチ。インドで手紡ぎの糸で織り上げた、軽くてやわらかいカディコットンのものを選びました。

何枚あっても大丈夫かなと思ってお贈りするものの一つが、ハンカチ。とくにカディ生地のものは、その風合いが個人的にも好きで選んでいます。カディとは、インドで手紡《てつむ》ぎした糸を手織りしている生地。なかでも奈良の「fangle《ファングル》」のものは、その風合いが伝わるようにと、一度洗いをかけてくれています。使い込むほどくったりと、やわらかくなっていく様もいいのです。色使いもよく、白い生地にシックな紫や深い赤のラインが入っているタイプは、シンプルなので贈る相手を選びません。また、サイズが大きめなので、お弁当を包んだりするのにも便利。それに、アイロンをかけなくても大丈夫なのも、私としては嬉しいポイントです。ハンカチ以外にもキッチンクロスやバスタオル代わりに使える大判のものもあるので、相手に合わせて。

　ハンカチは、何枚か用意しておくと、いざというときの贈りものにできて便利です。消費期限があるものではないので、ストックがあると安心なのです。私は、縁だけにレースが入ったシンプルなハンカチや、上質な麻の白いタイプを見つけたら買っておくようにしています。どなたに贈っても大丈夫なように、白でシンプルなデザインのものばかり。白いハンカチは、ふだん使いだけでなく、ハレの日にも使えるのでおすすめです。

手伝ってくれてありがとう！

パッケージも中身も、シックで上品な石鹸

香りの効果は
絶大です。
製法や原料、
使い心地、
パッケージに
こだわった
石鹸を
セレクトしました。

贈りものはそのパッケージも選ぶポイントになります。「サンタ・マリア・ノヴェッラ」は商品自体もお店の内装もとても美しくて、足を運ぶたびにほれぼれしてしまいます。

ここで選ぶ贈りものは、石鹸やポプリなどの香りのあるもの。とくに石鹸は、箱に並んでいる姿も、箱自体もとてもいい佇《たたず》まいなので贈りものにぴったりです。フローラル系の香りの「フレグランスソープ」や保湿力の高い「アーモンドソープ」、落ち着いた気持ちにさせてくれる「ラベンダーソープ」など、たくさんの種類があるので、いつも香りを楽しみながら選んでいます。一方、ポプリは、香りの種類は限られていますが、テラコッタ製のポットに入っているものや、シルク製のサシェ入り、板状の「タボレッタ」とさまざまな形状があります。こちらもどれにしようか迷いながらも、贈る相手が持っていなさそうなタイプを選ぶようにしています。

香りは、それぞれに好みがあるものです。身につける香水やコロンは、贈りものにするのはちょっと難しいかもしれません。でも、石鹸やポプリなら、家で使うものなのでそこまで気負わずに渡せるような気がしています。香りがよく、なおかつ、美しいデザインのものは、お礼の気持ちをきちんと伝えてくれる一品なのではないかなと思っています。

ARITEA
OFFICINA
S.MARIA NOVELLA
FIRENZE
ARITEA
OFFICINA
S.MARIA NOVELLA
FIRENZE
SAPONE ARITEA ALLA LAVANDA

大袈裟にならず、でも、上品で美しいお礼

誕生日を
お祝いしてくれた
先輩へ。
かわいらしい
お煎餅や
あられも
ありますが、
シンプルな
薄焼きの
ものを
選びました。

食べもののプレゼントとなると、どうしても甘いものを選んでしまいがち。でもきっと甘いものが苦手な人もいますし、もうすでに先方は甘いものをいただいているかもしれません。しょっぱくて、かつ、見た目もきれいなものはないかと探していて見つけたのが、銀座の「松﨑煎餅」の「江戸あられ 夕霧」です。

このあられ、驚くほど薄くて、他では味わったことのない繊細で軽い食感なのです。聞けば、職人さんが生地を削って作っているのだとか。あまりに薄くて割れやすいため、配送はできず店舗のみでの取り扱いです。その口当たりのよさに加えて、醤油と白醤油の二種類だけが入った姿もすごくいいなと思っています。シンプルな缶がより一層上品さを引き立てていて、銀座の老舗ならではの一品だと実感します。ちなみに「江戸あられ 吉三」もあって、そちらは醤油と海苔の二種入り。どちらも品のいい味と見た目、かつ小ぶりなものなので、大袈裟にならないお礼の品としてぴったりです。

松﨑煎餅というと、ほんのり甘い瓦煎餅が有名です。季節の絵柄があしらわれていてかわいらしく、そちらも大好き。ちょっとカジュアルなおみやげや贈りものには瓦煎餅を、かしこまったお礼のときには江戸あられを、と用途に合わせて選んでいます。

バレンタインは「ありがとう」を伝える日

大人の
バレンタインデーは、
「いつもありがとう」
の気持ちを込めて。
スイーツ大好き！
という
わけではない、
私のような人でも
楽しめるものを
見つけました。

大人になると、いつかのバレンタインの甘い気持ちはどこへやら。告白する相手も場面もありません。とはいえ、夫と息子にはきちんとチョコレートを贈っています。

さらには、性別を問わずに「いつもありがとう」の気持ちを込めて渡すように。バレンタインが近づくと、目に留まったチョコレートを買っておいて、食事会や個展などにも持っていきます。2月は展示会の多い時期なので、取引先へうかがう際にもチョコレートを。

もう何年も前からお取り寄せしているのが、大阪「エピナール」の「トリュフ・オ・ショコラ」です。きっかけは秋元康さんが著書ですすめていたのを見て、試しに取り寄せてみたことでした。私は甘いものが大好き！というよりも、ちょっとだけ食べたいタイプなのですが、このトリュフはそんな私にとってもやみつきになる味でした。木箱に入っている姿もいいですし、ミニ（約36個入り）、小（約70個入り）、中（約120個入り）、大（約180個入り）とサイズが豊富なので、予算に合わせて選べてありがたい限りです。

他にも「ＤＥＭＥＬ《デメル》」の猫の舌がモチーフになっているものや、「ローザー洋菓子店」の「ロシアチョコレート」、スーパーで見かけると買ってしまう「不二家」の「ハートチョコ」なども。バレンタインは感謝を伝える日として、私の中で定着しつつあります。

épinard

おいしいバゲットは、一人一本

一本まるごと
どーんと
お渡しすると
見た目もいいし
喜んで
もらえます。

渋谷に行って時間があると立ち寄る場所の一つに「VIRON《ヴィロン》」があります。お店に入る前からおいしそうな香ばしいパンの匂いがして、一歩踏み入れたら目の前に広がるとりどりのパンやお菓子に釘づけになります。

自宅用のパンを選んだら、その日に会う人の顔を浮かべながらバゲットを購入。ちょっと荷物にはなりますが、おいしいから食べてね、とお渡ししています。

バゲットが嫌いな人は、めったにいないと思うので、贈る相手を選びません。特別なお菓子や品物がなくても、一本お渡しするのは見栄えもいいし、喜んでもらえます。そのまま食べてもおいしいし、焼いてバターをたっぷりのせてもいい。次の日にはフレンチトーストにしてもおいしいよね、卵と牛乳をたっぷりしみこませて焼いたら、メープルシロップ垂らして、カリカリに焼いたベーコンも合うよね……、と相手と盛り上がります。

地元の友人へのおみやげとしてもいいし、東京での食事会のときには人数分買っていくこともあります。というのも、バタバタしてしまって静岡から四〜五人分の手みやげを用意して持っていくのが間に合わないときもあって。そんなときはバゲットを買ってからお店へ向かうようにしています。予約してくれてありがとう、楽しい時間をありがとう、という気持ち。おいしいもの好きな友人たちが、みんな喜んで抱えて帰ってくれます。

ごちそうさまでした！

新しい味わいのナッツなら話題にもしやすいです

友人にごちそうになったお礼に。おつまみやおやつに食べられる、フレーバーナッツを買いました。

とにかく、ナッツが大好きです。おやつにも、おつまみにも、ナッツがあれば十分なくらい。チョコはナッツ入りが好きですし、アイスもナッツ味を選んでしまうほどです。ある日、テレビでナッツ専門店が紹介されているのを見て、仕事で上京した際にさっそく行ってみたのが「nuts《ナッツ》 tokyo《トーキョー》」。何種類ものナッツがずらりと並んでいてびっくり。ナッツ自体の種類が違うのはもちろん、幅広いフレーバーが揃っていて、迷ってしまうほどでした。量り売りをしているので、試食して気に入った味を好きな分だけ購入できて大満足。とはいえ、これを私一人で味わっている場合ではないと、ちょっとしたお礼として配ろうと小分けのものを買い込みました。

ナッツの種類は、生クルミやローストアーモンドなど。フレーバーはハーブソルトやアールグレイ、カリーココナッツ、ショコラベリー、梅昆布茶など、他では見ないラインナップ。珍しいものを贈れば、話題にもしやすいですよね。嬉しいのは、白砂糖や小麦粉、添加物や防腐剤は使わず、お店で毎日手作りしていること。ナッツそのものの味をしっかり堪能しながら、フレーバーも楽しめます。まだまだ試せていない種類がたくさん。贈りものだからと言い訳しながら、自分の分もちょこっと買ってしまいます。

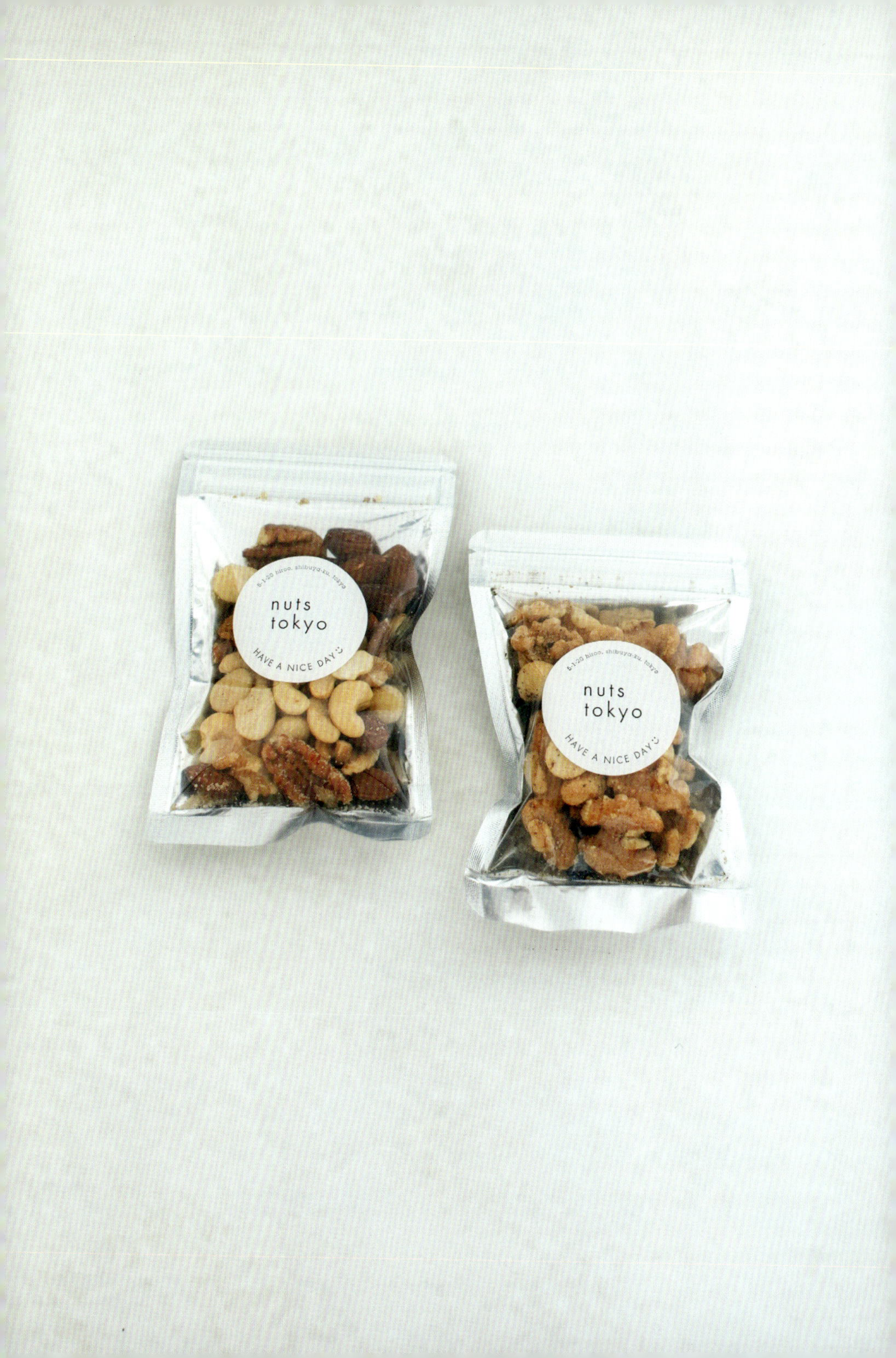
nuts
tokyo
HAVE A NICE DAY
nuts
tokyo
HAVE A NICE DAY

ほんのちょっとかわいらしさを添える輪ゴム

お取り寄せをするとなると、どうしても送料がかかりますが、一定の金額以上になると送料無料になる場合もたくさん。そのために、つい、必要以上の量を注文してしまうこともあります。たくさん届いたあれこれは、自分で小分けにして配るように。たとえば、ちょっと香りの強いお茶などは、相手の好みに合うかわからないのでポット一杯分だけ渡そうかな、ということもあります。お店用のOPP袋に入れたら、あとは口をカラフルな輪ゴムで縛るだけ。気負わず手軽に、ほんの少しのかわいらしさをプラスすることができるので便利です。

ベトナムの輪ゴム ¥100（税込）（20本入り）／stock　売り切れの場合もあります

PART

4

おつかれさま

もともとマネージャー気質があるせいか、お疲れかな？　と感じる相手には、ついついつい世話を焼きたくなってしまいます。少しでも疲れがとれるように、気分が変わるようにとお渡しします。

ゆっくり温まって休んでね、の入浴剤

香りは相手の
好みがあるので
選ぶのも
難しいけれど、
入浴剤なら気軽に
取り入れやすい
かなと思い、
贈っています。

ちょっと仕事が忙しそうな友人や、一緒にイベントを乗り切った仲間には「おつかれさまでした、ゆっくり休んでね」という気持ちを込めて入浴剤をプレゼントしています。「ＡＣＣＡ ＫＡＰＰＡ《アッカカッパ》」は、すっきりとしたユニセックスなデザインなので男女問わずお渡しできるのがいいところ。ヘアブラシなどヘアケアやボディケア用品、香水などを手がけているブランドで、創業一五〇年というイタリアの老舗です。この「ＷＨＩＴＥ《ホワイト》 ＭＯＳＳ《モス》 ＢＡＴＨ《バス》 ＴＡＢＬＥＴ《タブレット》」は、ラベンダーと針葉樹の西洋ビャクシンをミックスした香り。個包装なので、旅先にも持っていきやすいと思います。なにより、一五〇年前の創業時から天然由来の成分にこだわって作り続けているそうなので、安心して使えるのもポイントです。入浴剤なら個人で楽しむものなので、身につける香りとは違って取り入れやすいかなと思います。

また、北海道の「ＳＡＶＯＮ《サボン》 de《デ》 ＳＩＥＳＴＡ《シエスタ》」のバスソルトもよく購入します。ミネラルたっぷりの塩と北海道産のラベンダーが入ったものや、ホッカイドウモミから抽出した香りを配合した爽やかなものなど、どれも天然素材で安心です。バスソルトの他に、赤ちゃんと一緒に使えるバスシュガーも。保湿効果のあるスキムミルクやシアバター入りで、無香料。どれも一袋３００円代なので、いろいろ取り寄せてはみんなに配っています。

ACCA KAPPA
dal 1869
Muschio Bianco
EFFERVESCENT BATH TABLETS
with Ginseng extract
PASTIGLIE EFFERVESCENTI DA BAGNO
con estratto di ginseng
ACCA KAPPA
dal 1869
Muschio Bianco
EFFERVESCENT
BATH TABLET
with Ginseng extract
ACCA KAPPA
dal 1869
Muschio Bianco
EFFERVESCENT
BATH TABLET
with Ginseng extract

小さいけれど頼りになるワセリンを、どうぞ

季節の変わり目、乾燥しやすい時期にワセリンを。撮影が終わったあとなどにみんなに使っていただきたくて。

ある日、友人でイラストレーターの石坂しづかさんが北欧に行った話をしてくれました。そのときにすごくよかったと教えてくれたのが「サンホワイト」のワセリン。たしかオーロラを見に行ったときだったと思うのですが、寒空の下、乾燥と戦うはずが、このワセリンのおかげで保湿はバッチリだったと言うのです。

彼女のつやつやした顔を見て、すぐにその場で検索。小さな3g入りを見つけて、ひとまず10個と、自分用に50gのチューブタイプを買いました。使ってみたら、本当に保湿力抜群でびっくりしました。めったなことでは使えない高い美容液を塗った後のようにしっとり。さらに、赤ちゃんにも使えるという無香料、無着色、保存料不使用なので安心です。

乾燥はシワの始まりだと聞いたことがあるので、目元や口元などに塗り込んで寝るようになりました。さらには手荒れしそうなときのハンドクリームにもなれば、唇に塗っても大丈夫なのでリップクリームにもなってすごく便利。10個買ったミニタイプは「これ、すごくいいよ」と自分の経験を話しながら、あっという間に配り切ってしまいました。しかも、300円以下というお財布にもやさしい価格。さらにまた30個買い足して、会う人に「おつかれさまー。これいいよ」と熱い説明とともに配っています。

Sun White P-1
NIKKO RICA
Sun White P-1
NIKKO RICA
Sun White P-1
NIKKO RICA

冷え性やおなかの弱い人に、押しつけています

冷えやすい方には、
決まって
シルク腹巻を
お贈りしています。
薄手なので、
洋服にはひびかず、
温かいのです。

吉祥寺にあるギャラリーfève《フェブ》の引田かおりさんは、荷物と一緒に、おすすめのものを入れてくださることがあります。贈りものの先輩として見習いたいと思っている方なのですが、数年前の荷物の中に「腹巻」が入っていました。寒くなり始めた時期だったので、さっそくおなかへ。おなかの芯からじんわりと温かくなる感覚が嬉しくて、なんて素晴らしいのだろうと感動したことを覚えています。

それが「cocoon《コクーン》 fit《フィット》」の「シルク ウエストウォーマー」でした。肌触りがとても滑らかで気持ちよく、薄手なので、表にもひびきにくいですし、シンプルな無地で、腹巻らしくない見た目もいいのです。洗い替えも欲しくなり、買い足す際に、誰かにプレゼントしてもいいなと思って、ちょっと多めに購入。引き出しにしまっておきました。

ある日、わが家の撮影をしている最中に、カメラマンさんが冷え性だというお話をし始めました。ここぞとばかりに、「これ、どうぞ。すごく温かいから！」と押しつけるようにプレゼント。すごく喜んでくださった姿を見て、私も、嬉しくなってしまいました。以来、冷え性が辛いという話を聞いたり、おなかが弱いと悩んでいる姿を見たりすると、すすめずにはいられません。

「重い荷物、いつもおつかれさまです」の小さなお菓子

いつもお店の
商品を届けて
くださる方へ、
熱中症対策に
塩飴を
お渡ししたり、
小腹の足しの
おやつを。
毎日ありがとう
ございます。

わが家の玄関にも、お店にも、常備している贈りものがあります。スーパーやコンビニでパッと買えるふつうのお菓子。お煎餅や甘いもの、塩飴など、そのときどきで品物は変わりますが、何かしら小さなお菓子をストックしています。

これは荷物を運んできてくれたり、集荷に来てくれたりする宅配便の方たちへ渡すもの。暑い日も、寒い日も、雨の日だってきちんと来てくれるのですから「おつかれさま」と、ちょっとしたお菓子をあげたくなってしまうのです。もちろん、お金を払っているのですから、彼らの仕事を当たり前だと考える人もいるかもしれません。でも、やってもらって当たり前だとはとても思えなくて。人対人のことなので、そこはお金とか仕事とかは脇に置いておき、気持ちよく接する心意気でいたいなと思っています。

社会の中で持ちつ持たれつで暮らしていますから、「お荷物です」「ありがとう」だけの短いやりとりでも、そこに気持ちを込めるだけで、なんだか変わるような気がするのです。私はまわりに助けられながら、今こうして暮らしているのだから、その助けが当たり前だとは思えないのです。お節介かもしれませんが、ほんの少しのやりとりがめぐりめぐっていくかもしれないと思いながら「飴食べて」と言う、おばちゃんになりました。

塩あめ
Kasugai
松永製菓株式会社
しるこサンド
歌舞伎揚本舗
天乃屋
AMANOYA
歌舞伎揚

仕事がひと区切りついて

折り目正しいお菓子が、疲れの癒しに

スイーツを贈る際は、
生菓子より
焼き菓子のほうが
相手の負担に
ならないもの。
「間違いない」と
思える
スイーツを
お届けします。

「おつかれさま」の気持ちを伝えるためには、体をいたわるボディグッズの他に、やっぱり甘いものも欠かせません。

間違いないと思っている一品は「ＡＵ《オー》 ＢＯＮ《ボン》 ＶＩＥＸ《ヴュー》 ＴＥＭＰＳ《タン》」の「ウィークエンド」。まわりの信頼できる食通の方々がおすすめしていることもありますし、私もすごく好きな味なので安心してお贈りできます。上品なベージュのリボンがかかった細長いラッピングを見ただけで「もしかして、ウィークエンド？」と言ってくれる人もいるほど。

見た目はシンプルなパウンドケーキなのですが、ひと口食べるとレモンの爽やかな風味とバターの香りがフワーッと広がり、まわりにかけられたあんずジャムの甘さもしみ出てきて、口に運ぶごとに、そのおいしさにうっとりしてしまいます。何度食べても、そのおいしさに毎回驚かされるお菓子です。一週間ほど日持ちするので、時間をかけてゆったり楽しめるのもいい。生菓子よりも相手に負担をかけずにお渡しできます。

他にも、「自由学園」のぎっしり詰まった缶入りのクッキーや「ｆｏｏｄ《フード》 ｍｏｏｄ《ムード》」のシフォンケーキ、「ＭＥＲＣＩ《メルシー》 ＢＡＫＥ《ベイク》」の焼き菓子や「かえる食堂」のカステラなどを贈ることも。作り手の気持ちが伝わってくるお菓子は、それをお渡しするこちらの背すじもすっと伸びる気持ちです。

一年間、おつかれさま

打ち上げに、イベント終わりに、リップバーム

「いつも
おつかれさま」の
気持ちを込めて。
肌が乾燥しがちな
時期、甘すぎない
リラックスした
香りのバームを
選びました。

冬になると乾燥が気になってきます。唇がカサカサすると、いつにも増してリップクリームの出番が増えるもの。というわけで、冬になると贈りたくなるのが「ＳｙｕＲｏ《シュロ》」のリップバームです。ＳｙｕＲｏオリジナルのスキンケア用品は、「Ｖａｎｎ《ヴァン》Ｖｅｓｉ《ヴェッシ》Ｖａｎｄ《ヴァンド》」というシリーズで、リップバームの他にも美容液や化粧水、ボディクリームなどいろいろなアイテムがあります。

どれにも共通しているのが、薬用にも使われるアロマオイルが配合されているということ。このアロマは、飾り立てるためのものではなく、気持ちを落ち着けるためのものだそう。ミントやスパイスをブレンドしているので甘すぎない香りがすごくいいなと思っています。このリップバームは、ホホバオイルやミツバチの天然のロウが入っていて、もちろん保湿力は抜群。自分のために買うときに、贈りもの用にちょっと多めに注文しています。パッケージのデザインもモダンで、香りもユニセックス。男女問わず使えるものなので、いくつあってもいいくらい。

寒い冬、忘年会や打ち上げ、イベントが終わったときに、「今年一年、おつかれさま」「イベント、大成功だったね」という気持ちと一緒に贈っています。

Vann®
Vesi
Vand
Lip Balm
10g

文庫本サイズのストライプ柄紙袋

会うと文庫本をプレゼントしてくれる友人がいます。古本屋さんの店先にある「100円コーナーでいい本があったから」とスマートに渡してくれるのです。そんな贈りものができたらいいなぁと思って、私もちょっと真似するようになりました。とはいえ、古本屋さんでラッピングしてもらうのは申し訳なく、文庫本にちょうどいいサイズの袋に入れて渡すように。安いものだし、大袈裟な包装は似合わない。シンプルな柄の紙袋なら無地よりもちょっと贈りもの感が出ます。もちろん、本でないものを入れるのにも便利に使っています。

タイのストライプ紙袋 ¥250（税込）（2枚入り）／stock　売り切れの場合もあります

PART

5

おじゃまします

取材で伺ったり、友人宅でのごはん会があったりなど、おじゃまする際には手みやげが必須。大人数で食べられるもの、おじゃまする相手の手をわずらわせないもの、かつ、できるだけその場が楽しくなるものを。

軽くて、賞味期限が長い。お茶を手みやげに

取材や展示会などではじめて会う方々に、ごあいさつがわりに地元、沼津のお茶を持っていきます。

静岡といえば、お茶。地元から出張先へ向かう際の手みやげとしては、お茶を選ぶことが多いかもしれません。誰かの家におじゃまするときや、展示会に行くとき、「おじゃまします」の気持ちで手軽にお渡しできるのがお茶のいいところ。あって困ることはないでしょうし、賞味期限が長いので安心です。それに、たくさんの方に会う場合は数が必要で、重くて大きなものはどうしても難しいもの。その点、袋入りのお茶なら、それほどかさばることなく、体力の落ちてきた私でも持ち運びできます。

「やまよ茶園」は、小中学校時代の先輩である庄司喜美代さんのご実家です。喜美代さんとは、35年ぶりに、とあるイベントで再会しました。それをきっかけに、喜美代さんが手がけている帽子ブランド「S＋ｋｉｋｉ」の帽子展をｈａｌで開催したり、やまよ茶園のお茶を扱うことになりました。

静岡県の中でも、とくに沼津というわが地元のお茶。おいしいのはもちろんですが、先輩の弟さんが六代目として後を継いで丁寧に育てていて、パッケージデザインなどをやっているのですから、私まで誇らしい気持ちでおすすめできます。作り手のことをわかっている商品は、やはり安心してお渡しできるものだなと思っています。

煎 茶
SENCHA

おじゃまするときには、作り手が見える地元の味を

先輩の家で
食事会。
手みやげに、
地元のスイーツを
買いました。
ほどよい甘さの
クリームと
サクサクした
生地の軽さで
食後もすすみます。

お家にお招きいただいたり、食事会に参加したりというときは、お礼の気持ちも込めて、地元のおいしいものを持っていくようにしています。

三嶋大社の「福太郎」や「ふくや」のロールケーキ、「ぬまづ花見煎餅」のおかきなど、自分なりの地元の味リストがあります。そこに少し前から加わったのが「kudo《クドウ》菓子工房」のお菓子。

手みやげとしてよく選ぶのは、レーズンサンドです。細長い姿がスタイリッシュで、サクサクのサブレとほどよい甘さのしっとりしたクリームとレーズンの組み合わせが絶品。箱詰めは、その場にいる方々に配ることもできるので、ありがたい一品なのです。

何よりも「kudo菓子工房」のお菓子は、それを作っている工藤由紀さんのお人柄が表れているのだと思っています。決して華美でも派手でもなく、でも、芯が通っていて実直。どのお菓子も、雑さがなくて、とても丁寧に真摯に作られていることが伝わってくる味。halにも来てくださったりとお互い行き来するなかで、律義で真面目で気持ちのいい人だと実感していて、そんな由紀さんが作るお菓子ならどこへ持っていっても安心です。胸を張って「地元のお菓子です」とお渡しできるのです。

季節の味が楽しめる、小さなかわいらしい鯛焼

老舗の遊び心を見つけて以来、ときどきお店を覗いて、そのときにだけ食べられるものを手みやげにしたりします。

二月のある日、知人からいただいたのが、チョコレートがけの小さな鯛焼でした。東京・青山の「桃林堂」のもの。小鯛焼の存在は知っていたのですが、バレンタイン仕様のものは初めてで、とても嬉しかったのです。ちなみに、尻尾だけにチョコがけがしてあるものは、中が八朔のピール入りの白餡で、ピンクのハートがついていたほうは、ラムレーズン入りの白餡。どちらも初めての組み合わせですが、上品な甘さで印象的でした。しかも、名前が「バレン鯛《タイ》ンチョコ」。なんともシャレがきいていてかわいい。

こんなふうに季節ごとに違うものが登場すると知って以来、折を見てお店を覗くようになりました。東京に住んでいるわけではないので常にチェックはできませんが、どうやらクリスマスやホワイトデーにもオリジナルのものが出るようです。もちろん、定番の小鯛焼も安定のおいしさ。小さな箱に2匹入っている姿がかわいらしく、掛け紙の絵や文字も味わいがあっていいなぁとしみじみ思いながら、手みやげに買うようになりました。

老舗の定番のものも、季節によって姿形を変え、味を変えて登場するのだと、楽しい気持ちに。老舗ならではの粋な遊び心を教えてもらえているようで、嬉しいですよね。別のお店もあらためてチェックしてみようと思っています。

小鯛焼

ちょっとつまんで小腹を満たしてもらう、おいなりさん

個展を
開催している
作家さんのもとへ、
陣中見舞いに。
ランチやおやつに
さっと食べられる
ように、
おいなりさんや
太巻きを
お届け。

作家さんの個展や展示会などにおじゃまする際に持っていくものは、いろいろと悩みます。きっと差し入れとして甘いものはたくさんいただいているだろうし、かといって作り手の方にモノをプレゼントするのもちょっと違う気がします。モノをプレゼントするならその場で購入したいし……。と考えた末に選ぶのが、おいなりさんや海苔巻き。

個展や展示会は、お昼休憩なしでずっと通しでやっていることがほとんどです。食べに出られればいいけれど、もしかしたらおなかをすかせているかもしれないので、少しでもその助けになればと思ってのこと。おいなりさんや海苔巻きならパクッと口に入れればいいですし、ものすごく暑い日でなければ冷蔵庫に入れなくても大丈夫。残っても持って帰りやすいです。「これ、裏でちょっとつまんでおなかの足しにしてね」という気持ち。

いつも買うのは「神田志乃多寿司」のもの。おいなりさんだけのシンプルなものもあれば、おいなりさんと細巻き、さらに太巻きや茶巾が加わったものなどバリエーション豊か。負担にならないよう、私はその場にいる人数より少なめのものを選びます。

おいしいだけじゃなく、パッケージがたまらなくかわいいのも大切なポイントです。画家の鈴木信太郎さんによるほのぼのとした絵が大好きなのです。

器や包丁いらずで食べられる果物

友だちとお相撲やスポーツ観戦へ行くときは、「観ること」に集中できるよう、手でつまめるものを持参します。みんなでシェア。

ここ数年、大相撲を見に行く機会が増えました。友人に誘ってもらって参加するように。力士の息遣いや身体がぶつかり合う音など、生で見るからこそ伝わってくる迫力に夢中になっています。

枡席では、お酒を飲んだりお弁当を食べたり。国技館の売店では、いろいろおいしいものが購入できるので、友人たちと分け合って食べながら観戦するのは、とても楽しい時間です。そこへ、ちょっとした手みやげというか、みんなで食べられるものとして持っていくのが果物です。みかんやブルーベリー、マスカットや金柑など、いちいち切ったり器に盛ったりしなくても大丈夫な果物を選ぶようにしています。そのような道具まで持っていくのは大変ですし、そもそも狭い枡席ではじゃまになってしまいます。それぞれ、好きなタイミングで食べられたほうがいいだろうし、と考えてのこと。立ち上がって配り回ると後ろで見ている方たちに迷惑ですから、いつも「はい、回してくださーい」と、順番に手渡ししていってもらいます。

こういう果物、意外と便利。おじゃまする先に小さな子どもたちがたくさんいるとか、野外で楽しむ音楽フェスに行くときなどにも、ときどき選んで持っていきます。お菓子はきっと誰かが持ってきてくれるので、水分がとれてさっぱりするものが役立ちます。

入院生活が、ほんの少しでも快適になれば

入院している
友人のお見舞いへ。
季節に合わせて
シンプルで
履き心地のいい
靴下を持って
いきました。

じつは、夏の暑い日に急に具合が悪くなって病院へ行ったことがありました。点滴をしてもらっている間、急に入院となったら大変だなぁとしみじみ思ったのです。どこに何があるか、家族に説明して揃えてもらうのはなかなか難しそうです。だったら、あらかじめ用意しておいたほうが早いと、入院セットを備えておくようになりました。そこで思ったのが、パジャマや靴下は意外とふだん使いのものではないほうがいいのかもということ。同室の方はもちろん、売店に行けばたくさんの人の目もあります。さらにはお見舞いに来てくださる人も。それなりのものを用意しておく必要があるのだと実感しました。

そんな経験を踏まえて、誰かのお見舞いに行くときは靴下を。好みやサイズがわかっているくらいの親しい間柄のときはパジャマを持っていくこともありますが、そこまでわからない相手には、シンプルで履き心地のいい靴下なら安心。もしも入院生活で必要なかったとしても、ふだん履きに使ってもらえるのでいいなと思うのです。「fog《フォグ》」のリネンソックスは、さらりとした気持ちよさで、締めつけもないのでおすすめ。他にも、冬になればモヘア素材のものがありますし、ちょっと厚手のリネンコットンもあります。季節や相手の状況に合わせ、ちょっとでも入院生活が快適になりますように、と願いつつ。

お見舞いには、気持ちのお金とちょっと笑えるものを

入院生活は何かとお金がかかるもの。気持ちを包みつつ、前向きな気分になれるようなものを添えています。

入院生活は、けっこう時間を持て余してしまうものです。何か少しでも楽しくおもしろく、気持ちが前向きになれるようなものをお渡ししたいな、と思っています。

とはいえ、まず、大切なのはお金。自営業やフリーで働く友人も多く、休んでいる間は収入も不安定になるし、何かとお金はかかるものです。ほんの少しの気持ちを包むために、お見舞い用ののし袋やシンプルな絵柄の封筒を用意しておくようにしています。

そして、それが負担にならないよう話題にできる別のものを添えるように。相手の病状にもよりますが、モリモリと入院食が食べられるようなら、ちょっといいふりかけを持っていくようにしています。あとは、クスリと笑えるちょっと懐かしい漫画のことも。通信講座のカタログを持っていったこともありました。気をつけているのは、生ものを選ばないこと。冷蔵庫があったとしても小さいですし、保管するのは大変。その場で一緒に食べられればいいけれど、フルーツやケーキなど、賞味期限が気になるものは負担になりかねません。甘いものは、立て続けにさしいれされている可能性も大いにあると思うのです。

きっと、不安な気持ちでいることでしょう。めいっぱい頭をはたらかせて想像し、必要なもの、ちょっと笑えるもの、負担にならないものを選ぶように心がけています。

御見舞

素っ気ないものもかわいく見える水玉袋

旅先で道の駅に寄ったり、地元の産直に行ったりすると、大容量の乾物を見つけることがあります。お得！ と思って買うものの、食べ切れるか自信がないというときは、やっぱりおすそわけ。紫の水玉柄の半透明の袋に入れれば、素っ気ない切り干し大根も乾燥きくらげも、なんだかちょっとかわいく見えてきます。テープで止めてもいいですが、上の写真はp.88にある圧着するホッチキスで閉じたもの。こんな使い方もできるのかと新しい発見をし、ちまちま作業するのがなおさら楽しくなりました。

タイの水玉ビニール袋 ¥120（税込）（5枚入り）／stock　売り切れの場合もあります

銀座で選ぶ贈りもの

時間があると行きたい場所の一つが銀座。老舗やデパートなど、歩いて回れる範囲にあれこれあるからです。もちろん、おいしいものもたくさん。贈りものを買うお店を中心に「銀ブラ」しました。

銀座で選ぶ贈りもの

銀座千疋屋

おいしさと、包装紙のかわいさと

おいしいうえに、見た目もかわいらしいものは、手みやげとしてとてもありがたい存在です。銀座千疋屋《ぎんざせんびきや》の商品は、まさにそう。独特のブルーにバラが描かれた包装はとても印象的で、フルーツパーラーとしてのこだわりの詰まった品々はどれも間違いのない味です。

なかでも、フルーツサンドのおいしさは抜群。必ず、いちごとりんごとマスクメロンがしっかり入っていて、いつ食べても果物はどれもフレッシュで、かつ、生クリームとパンとのバランスがばっちりなのです。旬があるものなのに、どうしてこんなにいつもおいしいのだろうかと不思議に思います。今回、銀座千疋屋の柴田幸子さんがその理由を教えてくれました。

「フルーツサンドに入れる果物は、通年変わりません。フルーツパーラーとして、いつもおいしい果物が食べられるようにプロが仕入れています。たとえばいちごは、もちろん冬のほうがおいしいものが多く出回りますが、夏でもおいしい品種もあります。プロとしてその時期においしいものを探し出して、ご提供できるようにしています」

銀座千疋屋の特徴は、この仕入れにあります。一般的には仲買人さんを通すことが多いものですが、こちらでは直接市場に行ったり、

農家さんへ足を運んだりしているのだそう。

「創業当時から、果物に対する情熱は代々ずっと受け継がれてきています。自分たちの目で見て、実際に食べてみて、おいしいものをきちんと仕入れることが大切だと考えているからです」

　そのようにして大切に仕入れてきているフルーツに合わせ、生クリームは数種類をブレンドしてちょうどいい甘さに。パンも独自の配合で焼いているものを使っていると聞き、おいしさに納得。

　銀座千疋屋の特徴は、まだまだあります。包装紙がその一つ。このバラ柄の包み紙は、どこへ持っていってもみんなから歓声が上がるほど知られているもの。

「昭和22年からずっと使い続けている柄です。時代に合わせて色味を調整することもありますが、基本的には変わりません。銀座千疋屋の顔といってもいいかもしれませんね」

　銀座千疋屋の創業は1894年。千疋屋総本店の番頭であった、齋藤義政さんが暖簾分けをして開店したお店です。当時は日本で初めて輸入果物を扱い始めたのだそう。この包装紙は二代目義政さんの弟が考案し、以来、ずっと銀座千疋屋を象徴する存在として活躍しているのです。

フルーツを買うと、箱に詰めた後に手早く包装紙がかけられます。赤いリボンでおめかしした姿はどこへ持っていっても安心な一品。もちろん、フルーツサンドの箱にも同じ柄が印刷されているので、ひと目で銀座千疋屋のものだとわかります。

目利きの方々が選んでくれたフルーツ、厳選された材料、歴史あるパッケージ、すべてが揃っている贈りものなのです。自分で買うにはちょっと贅沢なサンドイッチだからこそ、プレゼントとしていいのだろうな、と思います。

いつもはフルーツサンドを買ってしまうのですが、柴田さんのお話を聞きながら店内を見ていたら、フルーツをさしあげるのもいいなぁと感じました。ここぞというときには詰め合わせを、ちょっとしたさしいれには、旬のものや珍しい果物一個でも楽しいかもしれません。

それに、もう一ついい手みやげを発見しました。小さな缶に入ったキャンディーセットで、缶はもちろん銀座千疋屋のバラ柄です。飴自体も果汁を使っていて、もちろんおいしい。あげたい人の顔が次々浮かんでくる商品に、銀座へ足を運ぶ理由がまたまた増えて嬉しくなりました。

銀座で選ぶ贈りもの

藤高タオル

日本の職人の技が詰まったものを

友人のアタッシェ・ドゥ・プレスの鈴木純子さんがすすめてくれて手にしたのが「藤高《ふじたか》タオル」のタオル。ハウスタオルという日常使いのラインのものでお手ごろな価格でした。にもかかわらず、数年間、何度も洗っては干してを繰り返しても、吸水力は抜群でへたることなく、ふんわりとした使い心地なのです。そんな藤高タオルが数年前銀座にお店をオープンしたということで、足を運びました。

藤高タオルの創業は今から一〇〇年前のこと。今ではタオルの生産地として有名な今治で、代々タオル作りを続けてきたお店です。今まではOEMで商品を作ることが多く、自社製品を開発することはほとんどなかったとか。しかし、創業一〇〇年、満を持してオリジナルブランドを作ってお店を始めたというわけです。

「ずっとタオル作りを続けてきましたが、たくさんの要望に応えてきたことで培ってきた技術や知識が蓄積されてきています。それをふんだんに生かしたのが自社製品。日常的に使いたいものから、お祝いごとの贈りものなどにおすすめなちょっと贅沢なラインまで取り揃えています。技術も知識もとことん『究める』ことがコンセプトなんです」

そう教えてくださったのは、取締役でショップマネージャーであ

る藤高小夜子さん。プレスを務める鈴木さんも続けます。

「お店ではあえてあまり商品説明を細かく書かないようにしています。どう作られていて、どんな特徴があって、どんなシーンに合うか、お客さまへきちんとお伝えしたいと考えてのことなんです」

たとえば……と、藤高さんが丁寧に説明してくれます。

「世界鶴」というラインでは、最高級の綿とされているインドのスピンゴールドを使用したラインが二つ。その中の「月」は、通常のタオル作りでは使わないほどの細い糸にして、3本撚り合わせたものをさらに2本引き揃えて織り上げたもの。だからこそやわらかい手触りでありながら、しっかりとボリュームもあります。

逆に撚りを戻して綿本来のやわらかさを生かして作っているのが「花」。パイルが立つように乾燥の工程でも調整しているそうで、触ってみると、びっくりするほどふんわりふわふわで、頬ずりしたくなるほどです。一方「凪」は、綿花の種類を変えて「ギザ」というものを使っているそう。理由は糸の空洞を大きくしたいから。空洞ができることで軽くなり、吸水率もアップするというわけです。

目の前にある三種類のタオルだけでも、その材料や工程にとことんこだわっていることがわかります。きっとお高いのだろうと思っ

て価格を見ると、作り手から直接購入できるとあって予想よりもお手ごろで、贈りものにもぴったりだと感じました。

他にも私が以前購入した日常使いにいいラインもありますし、染色の技術も高いというだけあって、絶妙な色使いのものが多いのもいいなぁと思います。

タオル選びというのは、なかなか難しいものです。今は海外の製品もたくさんありますし、100円ショップでも買える時代。その中で、自分の暮らしや贈る相手のことを考えてきちんと選ぼうと思ったら、こういうお店がぴったりなのだと実感しました。

何より、日本で頑張る職人さん、メーカーさんを応援したいという気持ちがさらに強くなりました。買って応援することで、さらに技術や知識が蓄積されていけば、使い手である私たちにとってもいいことだと思っています。

次のページでは、お話を聞いた二軒の他、銀座に来たら足を運ぶお店でどんなものを選ぶのか、ちょっとご紹介します。

銀座千疋屋と同じように、いつ行っても変わらないおいしさだと実感するのが「ウエスト」です。

とくにシュークリームは、自分自身も大好きなので、何度も手みやげにしています。ふんわりしたシュー生地の中にちょうどいい甘さのカスタードクリームがたっぷり。ちなみに生クリームが入っているものと、ゴルゴンゾーラチーズ入りもあるので、人数が多い場へは三種類購入しても楽しめます。

便利な文房具を あれこれ選ぶ

銀座 伊東屋

たくさんの商品があるなかから「これ！」というものを見つけることが好きです。銀座 伊東屋は私にとってワンダーランド。贈る相手を選ばないシンプルな便箋と封筒のセットや針のいらないホッチキス、いくらあっても困らないかわいい色のクリップ、おもしろいデザインの付箋……。「こんなの見つけたよ」と渡せるちょっとした手みやげが見つかるので、いくら時間があっても足りないくらいです。

ちょっとかしこまった場への贈りものは「空也《くうや》」のもなかなら間違いないと思っています。明治17年創業の老舗が作るもなかは、箱を開けた途端に広がる皮の香ばしさがたまりません。中の餡子はもちろん自家製で、小豆と砂糖を丹念に煮詰めたもの。当たり前ですが、保存料も添加物も一切不使用です。1週間ほど日持ちするので、生菓子よりも相手に負担をかけることなくお渡しできます。

歌舞伎座

クスリと笑える パックがある

歌舞伎座の地下にあるお店を見ていて発見したこのパック。美容としてもいいうえに、シャレが利いているなと思ってその場でたくさん購入し、友人たちに配りました。歌舞伎の人気演目だという「暫」と「船弁慶」の隈取りだそうで、歌舞伎俳優の松本幸四郎さん監修という本格的なものです。もちろん、美容液もたっぷり。ちょっと笑えるデザインのパックは、手みやげだけでなくお見舞いにもいいなと思っています。

安心、安定の おいしさ

銀座ウエスト

目上の方への 手みやげに

空也

銀座で選ぶ贈りもの

チョウシ屋

お店を営んでいたり、展示会をしていたりという状況では、あまりきちんと食事をとれないことがあります。そんな状況の友人には、コロッケを手みやげに。チョウシ屋は、店主がその時期にいちばんおいしいと思うジャガイモを使っていて、食べ応えたっぷり。サクサクの衣もたまりません。他にもメンチカツやトンカツなどを買って、おかずにしてね、と渡すこともあります。友人だけでなく、もちろん自分のぶんも買って頬張るのがお約束。

おみやげを買ったら、自分も買い食い

PART

6

これいいよ！

出張や旅先で見つけたおいしいものや便利なものは、その場でしか出会えないかもと、たくさん買って帰ります。「これ、おすすめだよ」という気持ちとともに、できるだけ作り手の話も伝えたいと思っています。

一緒に食べよう！

季節を感じられる上生菓子

季節になると、
色とりどりの花や
草木をあらわした
上生菓子が
お店に並びます。
その季節の空気を
感じたくて、
おみやげに買って
帰ります。

つい、足を止めてしまうのが、和菓子屋さん。特別いつもここに行くという決まったお店があるわけではなく、行く先々で見かけると寄りたくなってしまいます。その理由は、かわいらしいねりきりの上生菓子があるから。四季折々の情景を表現しているので、とても季節感のあるお菓子です。さらにお店によって選ぶモチーフが違いますし、同じモチーフでも、形や色が違っているので見ていてとても楽しいのです。

持ち歩く時間を気にしなくていいときの贈りものには、そんな上生菓子を選んでいます。数個だけ箱に入れていただけば、ちゃんとしていて、かつ、かしこまりすぎずにお渡しできます。写真は、東京・巣鴨の「福島家」のお菓子。春の桜や初夏のあじさい、秋の栗に冬の椿と、上品でうっとりしてきます。さりげなくグラデーションになっていたり、手作業で整えた繊細な形だったり、この小さなお菓子に職人さんの技が詰まっているからこその美しさ。季節限定の意匠が多いので、特別な感じもします。

ねりきり餡は、甘いものが好きな方には間違いなく喜ばれるものですし、好き嫌いが分かれるような味ではないので安心してお渡しできます。箱を開けたとき「わぁ！」と喜ぶ顔を思い浮かべながら、どれにしようかと悩むのもまた、私にとっての楽しみでもあるのです。

飲んでみて！

焙煎している人から買うコーヒーがいちばん

地方へ出張するときは、地元で愛されている喫茶店やカフェへ寄って、コーヒー豆をおみやげに買って帰ります。

「これ、おいしいから飲んでみて」と、いろいろな人に贈りたくなるのがコーヒー豆。コーヒーが苦手な相手でなければ、機会があるごとにすすめています。というのも、何人か焙煎をする友人がいて、確実においしいと心底思えるから。

おみやげとしても渡しやすいので、どこかへ出張となるとまわりにおすすめのコーヒー屋さんはないか聞き、足を運んで豆を買うことがあります。兵庫県の西宮にある「エスキーナ」は、鎌倉の「カフェ・ヴィヴモン・ディモンシュ」から独立した方のお店。もともとディモンシュの味が好きなので、それなら間違いないだろうと思っていたら、やっぱりおいしくて、帰ってきてからもときどき取り寄せるようになりました。

他にも、徳島の「アアルトコーヒー」や京都の「六曜社」など、行く先々で買っていますゝお話しできる時間がある場合は、自分の好みを伝えて豆を選んでもらいますが、そうではないときは、そのお店の味がいちばんよくわかるものとしてブレンドを。

その土地の特産物もいいのですが、生ものは消費期限が気になります。その土地で愛されている喫茶店やカフェが扱う焙煎豆は、おみやげとしていいものだなぁと思っています。何より自分でも帰ってきてから楽しめるので、ついつい多めに買ってしまうのです。

焙煎珈琲豆
ESQUINA
ORIGINAL
COFFEE BEANS
E.O.B
MADE IN NISHINOMIYA
HYOGO JAPAN
焙煎珈琲豆
ESQUINA
ORIGINAL
COFFEE BEANS
マンデリン
MADE IN NISHINOMIYA
HYOGO JAPAN

これおいしいよ！

空港で見つけた、くせになる味

冷蔵品をおみやげにするには、持ち歩き時間や渡す相手のことを考えると……とためらっていたときに見つけました。

北海道へ出張に行った際、新千歳空港のおみやげもの売り場の充実ぶりにはとても驚きました。お菓子はもちろん、野菜や乳製品など、北海道ならではの味がたくさん並んでいて、目移りしてしまいます。

とはいえ、羽田に戻ってからさらに静岡まで帰らなければなりません。持ち歩く時間やおみやげとして渡すまでの時間を考えると、生ものにはなかなか手が出せないのです。チーズ売り場もとても充実していたのですが、冷蔵品ゆえに迷っていたとき友人に教えてもらって買ったのが「ニセコフロマージュ」の「クリスピーチーズ」。

これがもう本当においしくて、チーズそのものを味わっているかのよう。チーズをカリカリに焼き上げただけなのですが、香ばしさとコクがくせになるのです。

ニセコフロマージュは、元スノーボード選手でナショナルチームのコーチだった方が始めたお店。チーズの試作で失敗したものを廃棄するのがもったいなく、焼いてみたらまわりに好評だったことから生まれたのがこの商品だそう。

甘いものが苦手な人にはもちろん、お酒好きの友人にもおつまみとして喜ばれます。おいしいうえに、軽いのでおみやげにするのにはぴったり。割れないように梱包してもらえばバッチリです。

ニセコフロマージュ
ニセコフロマージュ
ニセコフロマージュ

袋を開ければすぐに食べられる、ごはんのおとも

「袋を開けて
すぐ食べられる
ちょっといいもの」
を見つけると、
すぐ手が
出てしまいます。
今晩の
おかずの一品に。

以前、福岡でイベントを終えた帰りに見つけたおみやげが「やまや」の「明太いわし煮」です。福岡といえば明太子かなぁと知人おすすめのやまやさんに行ったものの、もちろん明太子は冷蔵品。自宅用のものは配送すればいいとして、おみやげとして買うにはちょっと躊躇《ちゅうちょ》していました。そこで目に入ってきたのが、これ。商品の説明書きのポップには「ごはんが止まらないおいしさ！」とありました。これなら常温で持ち運べ、袋を開ければすぐに食べられるものだし、相手の負担にならずに渡せるだろうと思って購入したのです。いわしを甘辛く煮たものに魚卵がたっぷり。骨まで柔らかく煮ているので、一尾ぺろりといただけます。友人からは「これでごはん何杯も食べられる！」とポップどおりの感想が送られてきて嬉しく思いました。

忙しく働くお母さんやお父さんには、袋から出してすぐに一品として食べられるものってとても便利です。私自身も、とりあえずこれがあれば安心と思えるものでした。ごはんのおかずとしてもいいし、お酒のつまみにもいい。いろんな人に渡せていい商品だと思って、そのとき10袋買ったのですが、あっという間に配ってしまいました。お取り寄せもできますが、また福岡に行った際には、やまやさんに行ってみようと思っています。

明太いわし煮
博多の味
やまや
※写真はイメージです。

これおいしいよ！

フルーツ詰め合わせは、地元で頼んで送ってもらいます

そのときに
いちばん味のいい
季節のものを
届けたくて、
地元で長く
続けている、
目利きのいる
専門店に
出かけます。

八百屋さんや魚屋さん、お肉屋さんと、専門店を回るのが昔から好きでした。今でも買い物はできる限り地元で長く続けている個人のお店に行くようにしています。「さいとうフルーツ」は、果物ならここ、と思っているお店の一つ。

ふだんの買い物だけでなく、何かのお礼や季節のごあいさつなどで果物を贈りたいと思うときも足を運んでいます。予算を伝えたら後はおまかせ。その時期にいちばん味のいいものを選んで詰め合わせてもらうようにしています。どこのどんなものなのか、わかりやすくシールを貼ってくれているのもいいところ。さらに包装紙もレトロでかわいい（表紙の写真、右上がそれです）。きちんとした贈りものという雰囲気でいいなぁと感じています。

地元の三島市で長くやっているお店なのですが、息子さんの代になってからジューススタンドも始めました。旬のフルーツの味を手軽に味わえるので、行列ができるほどの人気です。昔ながらのお店が元気だとこちらも嬉しくなるものですね。

専門店には目利きがいて、きちんと選んでくれるからこそ、おいしいのだと思うのです。こういうお店がずっとずっと長く元気で続けられるように、買って応援していきたいと思っています。

ラ・フランス
次郎柿
長野産 シナノスイート
長野産 南水梨
長野産 トキりんご

年末年始のごあいさつには、地元のお酒

年末年始やお盆、友だちの家での飲み会には、地酒を手みやげにしています。重いので、車でお届けできる範囲の方限定ですが……。

静岡は、とてもお水のおいしい土地です。ということは、そこで作っているお酒もしかり、だと思っています。「高嶋酒造」さんは、地元沼津の酒蔵。富士山からの伏流水を地下からくみ上げて使っているといいます。お店には水場もあって、地域の人たちが自由にポリタンクに入れて行く姿も。地元に愛されている酒蔵なのです。

「白隠正宗《はくいんまさむね》」は、高嶋酒造を代表するお酒。沼津は干物の魚をよく食べるからと、その味に合わせた仕上がりにしているのだそう。とても地元愛を感じるお酒です。

年末年始やお盆の季節など、親戚が集まってお酒を飲む場が増える季節には、これを手みやげにします。友人のお宅に行く際にも、これみんなで飲んでね、とお渡しして。重いものを電車で持ち運ぶのは難儀ということで、あくまでも車で行ける範囲の方への限定の品になっています。お酒好きの家にとってはいくらあっても困らないものでしょうし、お客さまがいらっしゃる機会が増える季節ならなおさらです。友人の家での飲み会などでも、甘いものが被《かぶ》ってしまうと食べ切るのに大変ですが、お酒なら急いであけなくても良いもの。ただ、いかんせん、帰り道も運転する場合は飲めないのですが、みんなが楽しそうに飲んでいる姿を見ているのも好きなのです。

純米吟醸
白隠正宗
日本酒

疲れをとってね！

ふわふわのうなぎは、両親にも友人にも好評です

元気になってほしいとき、疲れを癒してほしいときは、コレを食べてみてねと思って贈っています。

先日、短期間ですが母が入院することになりました。ありがたいことに両親は元気で、私を含めた娘たちと同居したりせずに、二人で仲良く暮らしていますが、その期間ばかりは父を一人にするわけにはいきません。姉と妹と相談し、交替でごはんを作りにいきがてら、一緒に過ごす時間を作ることにしました。

お店の営業が終わったら、魚屋さんに寄って干物やしらすなどを買って、後はほうれん草のおひたしと味噌汁を作れば立派な献立に。他にも、夏バテ気味のときは、ちょっと奮発してうなぎを買ったこともありました。静岡の三島にある「うなぎ 桜家」は、特別な日に行くお店。両親もこのうなぎが大好きで、これを食べると元気になってくれるような気がします。蒲焼は真空パックで買うことができるのでとても便利。あとはごはんが炊き上がるまでに和え物やお吸い物を作ればいいので、楽ちんです。あまり手の込んだものや時間のかかるものを作れない日は便利なものに助けてもらっています。

桜家は、地元に遊びに来た友人を案内するお店でもあります。「あのときのうなぎ、おいしかった」なんて言ってもらえると自分事のように嬉しくなるもの。友人が少しお疲れかもと思うときは、この真空パックや後は焼けばいいだけの干物を送ったりしています。

うなぎ
桜家

これおいしいよ！

東京の下町らしい、素朴な餃子

テレビで
志らく師匠が
おいしそうに
食べていた餃子を
味わいたくなり、
急いで買いに。
その日会う
友だちへ
おすそわけ。

子どもが生まれたばかりのころは、あまり遠出ができなかったこともあって、お取り寄せするのが楽しいものでした。テレビや雑誌を見て、おいしそうなものがあったら注文して、自宅でゆっくり味わう。家に閉じこもりがちな時期のお母さんにとってはありがたいものですよね。今では子どもも成長して、私にも自由な時間ができてあちこち出かけられるようになりました。

そうすると、今度はテレビや雑誌で見たお店へ実際に行くことができます。先日見ていた番組であまりにおいしそうで、その場でメモをしたのが東京の三ノ輪にある「さかい食品」の餃子でした。大好きな落語家の立川志らくさんおすすめのお店ということで紹介されていて、これはぜひとも行ってみなければ、と。

餃子専門店で扱っているのは、お持ち帰りのみ。焼いたもの、生のもの、冷凍と3種類販売しています。そして、ありがたいことに8個330円という良心的な価格。その日に会う友人へ「今晩のおかずにしてね」と渡せるので手みやげとしてもいいなと思いました。餃子は野菜もたっぷりだし、たんぱく質もとれるので、日々の献立を考える身としてはありがたいものです。調べてみたら、冷凍は取り寄せも可能。レジ袋に直接入った餃子は、飾らない姿がなんだか下町ならではで、いいなぁと思っています。

21.05.04

これおいしいよ!

大好きな名店の味をおすそわけ

よく食べに行く
おいしいカレーを
おみやげに
したいなと
思っていたら、
レトルト商品に
なりました。

吉祥寺へ行くと、いつも食べたくなるのが「piwang《ピワン》」のカレー。カウンターだけの小さなお店で、行列していることも多いのですが、回転が早いのでいつもその列に加わります。定番のチキンカレーや日替わりのカレーがあって、メニューを見るとどちらも食べたくなるので二種盛りをお願いしています。こういう味は家では作れないなぁと、しみじみ思いながら食べていたのですが、なんと、レトルトが販売されることに。

「黒胡麻担々キーマカレー」は、人気の高い日替わりメニューです。ごまもひき肉も好きなので大喜びで購入。ピワンの味が家でも堪能できるなんて、嬉しくてしかたありません。ごまのいい香りがして、食べ応えのある大きめのひき肉がたっぷり。パッケージに「花椒《ホアジャオ》香る」とありましたが、たしかに口に入れるたびにじわじわとちょうどいい辛さが広がります。レトルトとは思えない本格的な味に驚きました。

ただ、レトルトカレーとしては一般的なものよりも価格が高めなので、自分のために買うとなると躊躇《ちゅうちょ》すると思うのです。だからこそ、ちょっとした贈りものに。温めればいいだけなので、忙しいお母さんたちにはぴったりだと思います。ひとり暮らしをしている息子に渡すことも。最近は、名店の味を気軽に楽しめるレトルトが増えてきていて、ありがたいものです。

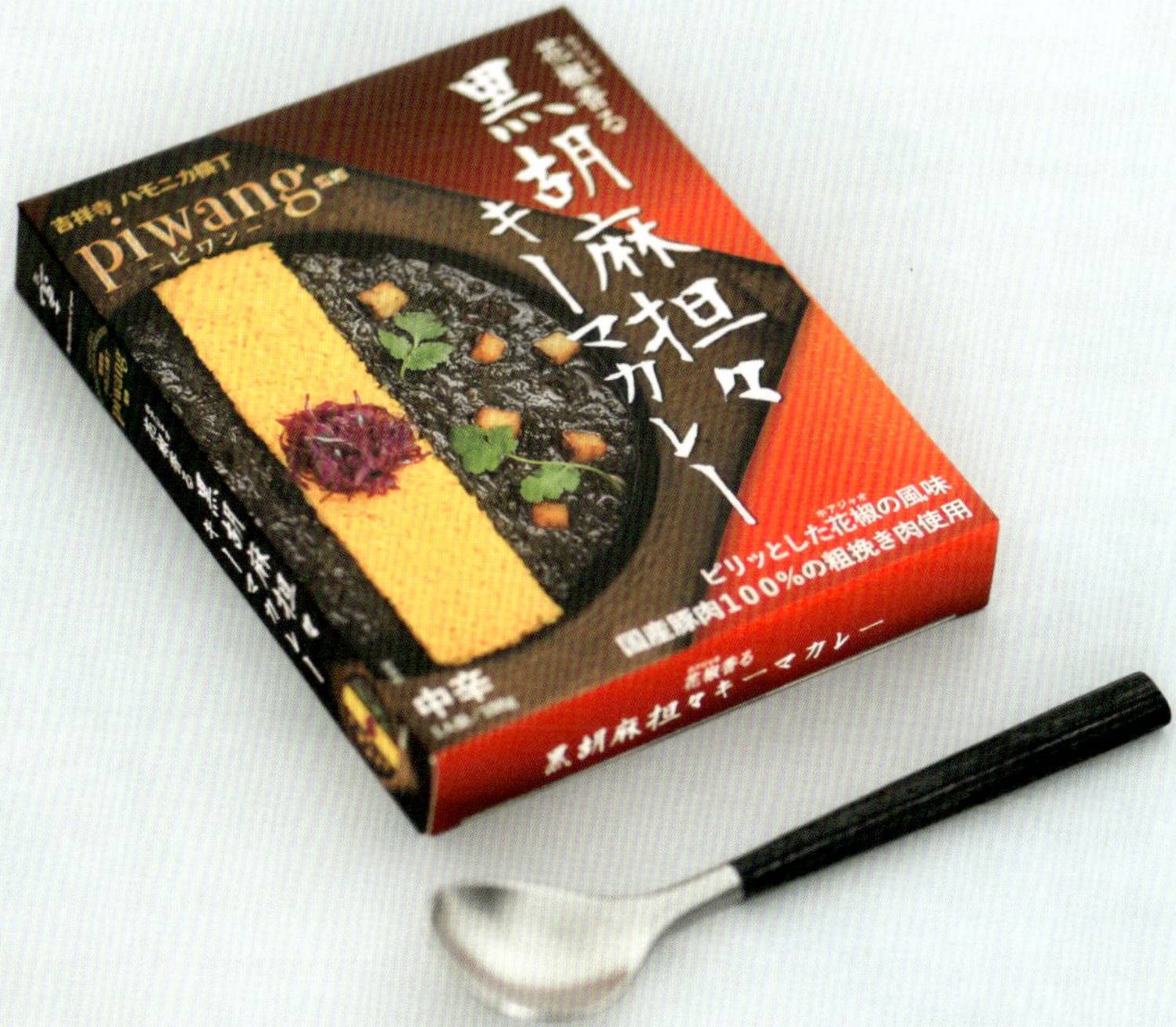
piwang
ーピワンー
黒胡麻担々キーマカレー
ピリッとした花椒《ホアジャオ》の風味
国産豚肉100%の粗挽き肉使用
中辛
黒胡麻担々キーマカレー

頑張っているあの人に、ごはんの支度がちょっと楽になる一品を

いつもの味をランクアップさせてくれる、便利な調味料。

「按田餃子」は、東京の代々木上原や二子玉川にあるお店。餃子の中身がパクチーときゅうりや、白菜と生姜、大根とザーサイとここでしか味わえないおいしさなので、近くに行くとついつい立ち寄って食べたくなるのです。いつしか餃子の通販が始まり、家族にも食べさせたいとお取り寄せをしたこともありました。

ある日、知り合いからいただいたのが、その按田餃子の自家製調味料セット。餃子のタレと「味の要」というスパイス、「豆豉《とうち》ミックス」の3種類が入っています。餃子に使うのはもちろん、さらに、それぞれ炒めものの味付けにしたり、麻婆豆腐に使ったり、冷奴や蒸した野菜にのせるだけでもすごくおいしい。そして、何より、いつものわが家のおかずが、ぐんと洗練された味になるのが嬉しくて仕方ありませんでした。

これさえあれば、手の込んだ本格的な味になるのでとても便利。忙しく働く友人や子育てで大変なママたちにとってもきっと助けになるだろうと思って、贈りものにするようになりました。そのときの状況や渡す相手によって、箱入りの3種類セットをプレゼントすることもあれば、単品を選んで、気負わずに「はい、これ便利だよ」と、ちょっとした手みやげとして気軽にお渡しししています。

按田餃子
按田餃子
按田餃子

役立つよ！

旅に出る友人には、信頼できる人の旅本を

友だちが旅行をすると聞くと、出かける先のディープな情報が書かれている旅の本を贈ります。

子どもが成長して、やっといろいろな場所へ出かけられるようになりました。出張も増えてきて、その土地のおいしいものを食べたり、作り手さんの元へ足を運んだりしています。そんなときに手にするのが、友人や知人が書いた旅の本。どんなお店のどんなメニューがおいしかったか、どんな場所が気持ちよかったかがリアルに伝わってきます。いわゆる一般的なガイドブックよりも自分の好みに合っているものが多く、何より一緒に出かけているような気持ちになれて楽しいのです。どこかへ出かけるとなると、その場所に詳しい人におすすめを聞くこともあるのですが、そんな口コミ情報と同じ感じ。信頼できる情報が詰まっている本なので、いつも参考にさせてもらっています。

そんなわけで、お店でもそういう本を何冊か扱っていて、友人やお客さまから「台湾に行ってみたくて」「ハワイに遊びに行ってきます」なんて話を聞くとおすすめするようになりました。内田真美さんの台湾の本は、親子連れでも楽しめるお店がたくさん紹介されているし、赤澤かおりさんのハワイの本は、マーケットやおいしいお店とともにそこでの暮らしが伝わってきます。友人が旅行するとなったら、自分が行ったことがない場所でも「この人のこの本、すごくいいよ」とお伝えしながら、プレゼントにしています。

私的
台湾食記帖
内田真美
私的
台北好味帖
内田真美

文字入りのぽち袋やお茶目なシール

立て替えてもらったお金を返すとき、むき出しで渡すのはできるだけ避けたいもの。ぽち袋やシールのストックがあると安心です。文字入りのぽち袋ならそのまま使えますし、無地の封筒でもシールを貼って封をして。ときには「文香《ふみこう》」という香りつきの紙を同封することもあります。文房具店でこういう細かいものを見るのが好きで、時間が経つのを忘れるほど。自己満足かもしれませんが、お金のことだからこそ、気持ちよくお渡しできるようにと思っています。

かをり紙 ¥450、ぽち袋 ¥300（3枚入り）、封緘シール各種 ¥180、シール相撲 ¥200（全て税別）／鳩居堂

PART

7

これからもごひいきに

halでは初売りをやらない代わりに、年末年始には、ちょっとしたものをお渡ししています。食べものだったり雑貨だったりいろいろですが、負担にならない額でちょっといいものをご用意するように。

今後ともよろしくお願いします

良心的な価格で、ちょっといいもの

自宅用となると、後回しになってしまうもの、ちょっといいものを、お年賀の定番にしています。

お年賀として配る定番のものに、塩昆布とごまがあります。どちらも賞味期限をそれほど気にせずに保存できるので、まとめ買いしておいても大丈夫。

「神宗《かんそう》」の塩昆布は、北海道の道南産の天然真昆布を使っているもの。厚みがあってぎゅっと旨味が濃縮されている感じがしておいしいのです。ほんのりと山椒の香りもあり、すごく上品。パッケージも凝っていて、外側の透明の袋は切り取ると小さなクリアファイルとして使えるというもの。いつもウェブサイトから注文しているのですが、のしをつけることもできるのがありがたいです。

他にも、デパートへ行った際に食品売り場を回って、ごまを探すこともあります。自分がごま好きというのもありますが、ごま和えはもちろん、ふだんのご飯にかけたり、おにぎりに混ぜたりと、いくらあっても困らないものだと思っていて。京都の「山田製油」や「菊乃井」のものを選ぶことが多いです。「ちょっといい」ごまって、意外と自宅用となると後回しにしがちだと思うので、手軽なプレゼントにしています。

自分で買うのにはちょっと高いけれど、贈りものとしては相手の気持ちに負担をかけない金額のもの。ふだん使いする食材やご飯のおともとして、あっても困らないものの中で、ふだんよりちょっと上質なものを選ぶようにしています。

かわいらしい小さな袋詰めのお米

格好いい
パッケージに
詰まったお米を
お年賀に。いつも
食べるもので、
ちょっといいものを
おすそわけ。

以前、お金にまつわる書籍を出す際に、ファイナンシャルプランナーの先生にいろいろと教えていただく機会がありました。クレジットカードをどう選ぶか、貯蓄はどうしたらいいのかなどの話を聞くなかで「ふるさと納税」を活用しましょう、と。簡単なうえにおいしいものが送られてきて、自治体への応援になる、といいことずくめなのです。

各自治体によって返礼品はさまざま。その自治体を応援するのが目的なので、返礼品目当てにしてはいけないのですが、ついつい目がいってしまいます。どこへ納税しようかサイトを見ていて目にとまったのが、高知県四万十《しまんと》市の「四万十《しまんと》山間米《さんかんまい》」。じつは、ファイナンシャルプランナーの先生自身、毎日のお米はふるさと納税で足りているという話を聞いていたので、なるほどと思ってお米に注目していたのでした。

山間米は、四万十川の支流域で作られていて、山間の斜面に作られた田んぼで育っているのだとか。そんな風景を想像したら、きっとおいしいに違いないと思えて選びました。何より、パッケージのデザインがシンプルで格好よく、しかも、二合や三合など少量の使い切りサイズのパックがセットになっているのです。

お米ならいくらあってもいいもの。まわりの友人たちもきっとそうだろうと思って、この小さなかわいい袋詰めをおすそわけするようにしています。

二合
四万十
中流域
山間米
新米

気兼ねなく渡せる定番のお菓子

くるみには「守る」「家庭円満」の意味合いがあるとか。一年の始まりには縁起物をさしあげています。

鎌倉にある「鎌倉紅谷」の「クルミッ子」は、すでにさまざまなところで紹介されているので、皆さんの定番になっているかもしれません。

私も御多分にもれず、このお菓子の大ファン。サクサクの生地の間には、甘さと苦さのバランスが絶妙なキャラメルとくるみがぎっしり入っています。しっかり甘いのですが、くどくなく、わが家ではあっという間になくなってしまうお菓子。甘いものが大丈夫な方なら、性別年齢問わずにお渡しできると思っています。

しかも、バラ売りがあるのも嬉しいし、5個入り、8個入りなどと、手みやげとしてお渡ししやすい個数が箱詰めになって販売されているのもとてもありがたいのです。お店のお年賀としての場合は、2個ずつ包装して、自分でお年賀のシールを貼ってお渡ししていました。そうそう、タイミングがいいとお店によっては、切り落とした端っこをお得パックで売っていることもあって、見かけたら必ず買ってしまいます。

最近、横浜に「Ｋｕｒｕｍｉｃｃｏ《クルミッコ》 Ｆａｃｔｏｒｙ《ファクトリー》」ができ、クルミッ子作りを体験できるワークショップが開催されていると聞きました。限定パッケージの商品もあるとかで、ぜひ一度行ってみたいと思っています。おみやげと言いながら、自分用にもたくさん買ってしまいそう……。

BENIYA

めったに買い換える機会のないものを

壊れたり、
なくしたり
しない限り、
自分ではあまり
買わないものを
贈るのも、
おもしろがって
いただけるかなと
思います。

以前東京で働いていたときは、定休日になると東急ハンズを見て回るのが習慣でした。とくに欲しいものがあって行くというよりは、品揃えを見るのが好きで、各フロアを順番に見ていくということをしていたのです。今でも、ちょっと時間があると東急ハンズに足を運んでいます。

そんなときに見つけたのが、「煤竹耳かき」。以前、NIGO®さんが、雑誌か何かで紹介していたものです。耳そうじが趣味だという方のおすすめなら間違いないと試しに買ってみました。

竹製でとても細いせいか、とにかく、しなりがすごくいいのです。そのおかげでタッチもやわらかく、耳を痛めることがないように感じます。あまりの使い心地のよさと良心的な価格から、ネットでさらに注文しました。お年賀で配ったり、友人におもむろに贈ったりしたところ、「え？　耳かき？　って思ったけど、あれ、すごくいいね」という感想がたくさん。耳かきは、日常的に使うけれどあまり壊れることがないので買い換える機会も逃しがちです。たとえば実家から持ってきたものを使い続けていたり、ひとり暮らしをする際に購入したものを未だに持っていたりということが多いのではないでしょうか。そういうものを探してプレゼントするのも、おもしろいなと思っています。

実用的で、かつ、遊び心のある小さな贈りもの

使いやすいのはもちろん、使うときにちょっと楽しくなるもの、と思って、占いつきの楊枝をプレゼント。

日本橋には、創業二〇〇年、三〇〇年といった老舗がたくさんあります。「日本橋さるや」も、江戸時代から続く楊枝《ようじ》の専門店です。

たかが爪楊枝と侮ってはいけません。さるやの商品は、「クロモジ」という植物の枝を仕入れ、職人さんが一本ずつ手仕事で削り出しているのです。この楊枝、折るとほのかにいい香りがします。それがクロモジの特徴だとか。さらに、しなやかさもあって、もちろんささくれるようなこともなくて使いやすい一品です。

桐箱入りや名入れができるものなど、さまざまな種類があるなかで見つけたのが「辻占《つじうら》楊枝」というもの。20本入りで気軽なうえに、一本ずつ紙に包まれていて、その紙を広げると恋の歌が書いてあります。「辻占」とは、辻に立ってはじめに通った人の言葉を聞いて物事の吉凶を占うことから始まり、さらには、小さな紙に書かれた文言を選んで占うこともあったとか。この爪楊枝の包装に書かれているのは大人の男女の恋の歌で、江戸の花柳界では小道具として活躍したのだそう。

とても実用的なものでありながら、使うときちょっと楽しくなる楊枝。ほんの少しの遊び心を込めて、日本橋へ行った際はお年賀や友人への贈りものにまとめ買いしています。

て御免《めん》なさいね
呑《の》めば甘《あま》える
悪《わる》いくせ

今後ともよろしくお願いします

自分で使って、そのよさを実感した盛りつけ箸

日用品やどこでも買えるもの、事足りているけれど、もらったら嬉しいものはないかと探しています。

盛りつけ箸や菜箸などは、スーパーで買ったもので十分に事足ります。しかし「有次《ありつぐ》」の盛りつけ箸を買ってみたら、あまりに使い心地がよくて驚きました。先が細くてしっかりしているので、どんなに小さなものもつかみやすい。これで盛りつけると、ふだんのおかずがなんだかちょっといいお料理に見えてくる気がするほどです。

有次といえば、京都の老舗で包丁が有名。包丁以外にも使いやすい料理道具をたくさん取り扱っていて、あれこれ見ているだけでも楽しいお店です。

あまりにも盛りつけ箸が使いやすくて、もっとたくさん買ってくればよかったと後悔するほど。しかし電話注文できるということを聞き、後から自分用とお店のお年賀用にと、100膳お願いしました。箸は軽いというのもありがたい点です。たくさん取り寄せたので、友人への手みやげとして持ち歩くにも楽ちんでした。

日用品は、自分で買い換えたり、いいものを選んだりということが少ないかもしれません。今あるもので十分だと感じているとなかなか換えないもの。私自身も同じです。しかし、そういうものこそ贈りものとしていただいたら嬉しいはず。自分では買わないけれど、もらったら嬉しいというアイテムがないか、これからも探してみようと思っています。

電話番号	webサイト	掲載ページ
088-875-3826	http://www.marufuku.noen.biz	p.10
0467-61-2272	http://www.chahat27.com	p.12
03-5432-5610	https://foglinenwork.com	p.14
03-6433-5466	https://y-iihoshi-p.com	p.16
03-6809-0590	https://www.letratokyo.com	p.18
0742-81-8537	https://fangle.jp	p.18
	http://ynpottery.net	p.18
	Instagram tama.tamaben	p.20
03-3831-1579	https://www.rakuten.co.jp/sankouen	p.24
0977-22-6051		p.26
03-3241-3988	https://www.hanpen.co.jp	p.28
		p.30
03-6434-0965	www.nanadecor.com	p.32
0742-81-8537	https://fangle.jp	p.36
03-3572-2694	http://www.santamarianovella.jp	p.38
03-6264-6703	http://shop.matsuzaki-senbei.com	p.40
072-724-2248	http://m-epi.shop-pro.jp	p.42
03-5458-1770		p.44
03-3442-1518	https://nutstokyo.net	p.46
03-6205-7648	https://webshop-wandp.jp/c/accakappa	p.50
0120-25-3410	http://www.sunwhite.net	p.52
03-3692-0371	https://sunayama-socks.net	p.54
03-3703-8428	http://aubonvieuxtemps.jp	p.58
03-3861-0675	http://syuro-online.shop-pro.jp	p.60
	https://colour.base.shop	p.64
090-8473-1656	Instagram kudo_kashi	p.66
03-3400-8703	http://www.tourindou100.jp	p.68
03-3255-2525	http://www.kanda-shinodasushi.co.jp	p.70
03-5432-5610	https://foglinenwork.com	p.74
03-3572-0101	https://ginza-sembikiya.jp/store	p.80
03-6278-8852	https://fujitakatowel.jp	p.84
03-3561-8311	https://store.ito-ya.co.jp	p.88
03-3571-1554	https://ginza-west.online	p.89
03-3571-3304（要予約）		p.89
0120-937-226	https://www.isshin-do.co.jp	p.89
03-3541-2982（予約可）		p.90
03-3918-3330		p.92
0798-56-7178	https://www.esquinaojisan.jp	p.94
0123-46-5818		p.96
0120-15-7102	https://www.shokutu.com/category/mentai	p.98
055-971-7048		p.100
055-966-0018	http://www.hakuinmasamune.com	p.102
055-975-4520（要予約）		p.104
03-3806-4323		p.106
	http://piwang.jp	p.108
03-6447-9633	http://andagyoza.shop-pro.jp	p.110
03-6699-1064	https://www.anonima-studio.com	p.112
0120-61-2308	https://kansou.co.jp/shopping	p.116
088-880-0608	https://www.umaitosa.com/shimanto-sankanmai	p.118
0467-22-3492	https://www.beniya-ajisai.co.jp	p.120
06-6392-3871	https://www.greenbell.ne.jp	p.122
03-5542-1905	https://www.nihonbashi-saruya.co.jp	p.124
075-221-1091		p.126
03-6413-6510	http://stock-zakka.shop-pro.jp	p.22,34,48,62,78
03-3571-4429	http://www.kyukyodo.co.jp	p.76,114

商品問い合わせ先

商品名	価格（税別）	店名
ハーブブーケ	¥2,000~5,000	まるふく農園
バングル	¥8,000	chahat（rie shikiya cnr by chahat）◎
fog ボタニカル フェイシャルオイル	¥3,200	fog linen work ◎
oval plate L（yumiko iihoshi porcelain）	¥4,000	yumiko iihoshi porcelain ◎
メルカドバッグ	¥4,800~7,800	レトラ ◎
産着	¥8,500	fangle
コーヒーカップ（吉田直嗣）	¥4,500	吉田直嗣 ◎
たまちゃんおすすめ お弁当小物のいろいろセット（一部内容変更）	¥1,000	たくまたまえ ◎
焼海苔ゴールド缶	¥1,111	三香園商店
アイスクリーム	¥417~	冷乳果工房GENOVA
おでんセット（秋冬商品）	¥1,300	神茂
紀州南高梅 天潮梅	¥3,000~	大和屋（松坂屋名古屋店、大丸東京店、東武百貨店池袋店）
アイケアストーン	¥3,980	salon de nanadecor
カディハンカチ	¥800	fangle
ラベンダーソープ	¥5,400	サンタ・マリア・ノヴェッラ
江戸あられ 夕霧	¥1,000	松崎煎餅
トリュフ・オ・ショコラ	¥1,389（ミニ）	菓子工房エピナール
バゲットレトロドール	¥360	VIRON 渋谷店
フレーバーナッツ	¥600	nuts tokyo
入浴剤（バスタブレット）	¥3,000	アッカ カッパ 東京ミッドタウン日比谷
サンホワイトP-1（平型品3g）	¥280（編集部調べ）	日興リカ
シルク ウエストウォーマー	¥2,900	砂山靴下
ウィークエンド	¥1,800	AU BON VIEUX TEMPS
リップバーム	¥1,400	SyuRo ◎
煎茶	¥600	やまよ茶園 ◎
レーズンサンド	¥1,400	kudo菓子工房
小鯛焼	¥640（2匹）	風土菓 桃林堂
しのだのり巻き詰め合わせ	¥750	神田志乃多寿司
靴下	参考商品	fog linen work
フルーツサンド／銀座のミックスキャンディー	¥1,200／¥800	銀座千疋屋
タオル	¥800~	藤高タオル 銀座
文房具	¥150~	銀座 伊東屋
シュークリーム	¥380	銀座ウエスト 本店
もなか	¥1,100（税込）（10個）~	空也
フェイスパック	¥833	一心堂本舗
コロッケ	¥200（税込）	チョウシ屋
上生菓子	¥324	福島家
コーヒー	¥1,000~	エスキーナ
クリスピーチーズ	¥300	ニセコフロマージュ（取扱店 きたキッチン新千歳空港店）
明太いわし煮	¥500	やまやコミュニケーションズ
果物詰め合わせ	¥3,000~	さいとうフルーツ
日本酒	¥1,150~	高嶋酒造
うなぎ	¥3,990	うなぎ桜家
餃子	¥330（税込）（8個）	さかい食品
レトルトカレー	¥600	piwang ◎
自家製調味料3点セット	¥1,850	按田餃子
『私的台湾食記帖』『私的台北好味帖』	各¥1,600	アノニマ・スタジオ／中央出版
塩昆布	¥1,000	神宗
四万十山間米	¥482	土佐うまいもの100選
クルミッ子	¥670（5個）	鎌倉紅谷 八幡宮前本店
煤竹耳かき（G-2153）	¥500（2本）	グリーンベル
辻占楊枝	¥400	日本橋さるや
上製 竹箸 盛付用	¥650	有次
ラッピング類	¥100（税込）~	stock
ポチ袋、シール類	¥180~	東京鳩居堂 銀座本店

＊2019年12月現在。内容は変更することがあります。
＊ 店名に◎マークの付いている商品はhalでも取り扱いがあります。 http://hal2003.net

AD
三木俊一

デザイン
廣田 萌（文京図案室）

撮影
枦木 功

編集協力
晴山香織

校正
唐木 緑

撮影協力
UTUWA（tel. 03-6447-0070）

「おめでとう」「ありがとう」
「お世話になっています」
気《き》持《も》ちを
伝《つた》える贈《おく》りもの

2020年3月1日　第1刷発行

著者
後《ご》藤《とう》由《ゆ》紀《き》子《こ》

発行者
佐藤 靖

発行所
大和《だいわ》書房
東京都文京区関口1-33-4
〒112-0014
電話 03（3203）4511

印刷
歩プロセス

製本
ナショナル製本

©2020 Yukiko Goto Printed in Japan
ISBN 978-4-479-78495-1
乱丁本・落丁本はお取り替えいたします
http://www.daiwashobo.co.jp

後藤由紀子　ごとうゆきこ

静岡県生まれ。全国各地からお客様が訪れる、器と雑貨の店「hal」を営む。暮らしの中で自分が心から「いい」と思ったもののみを店に並べる。暮らしの工夫や気づきを綴った飾らないエッセイも好評。著書に『50歳からの暮らしの整え方』（大和書房）、『毎日続くお母さん仕事』（SBクリエイティブ）、『後藤由紀子の家族のお弁当帖』（ワニブックス）、『家族が居心地のいい暮らし』（あさ出版）、『日々のものさし100』（パイインターナショナル）などがある。

hal　http://hal2003.net